現代存在論講義 I

Lectures on Contemporary Ontology

倉田剛
Kurata Tsuyoshi

ファンダメンタルズ
Fundamentals

新曜社

序　文

本書の成立とスタイル

　私が「現代存在論についての入門書を書く」という構想に向かって、最初の一歩を踏み出したのは、今から 8 年ほど前のことである。私は「研究ノート」というかたちで、当時勤務していた大学の紀要にいくつかの雑文を発表した[1]。地方の小さな大学の紀要に掲載される研究ノートなど誰の目に触れることもないだろうと大いに油断していたが、インターネットが発達した社会では、どんな雑文でも一定数の読者を獲得するものである。学会などで大学院時代の後輩や関心を同じくする研究者仲間と顔を合わせるたびに、半ば冗談交じりにひやかされ、半ば本気で叱咤激励された。彼らの中には講義の参考資料として私の研究ノートを使ってくれた奇特な人もいたようである。しかしその後、諸々の事情から（これは私の怠惰な性分を隠すための言い訳にすぎないが）、草稿の執筆はストップしてしまった。一時期は出版をほぼ諦めていたが、どうしたことか一昨年あたりから再び私の中に出版に対する意欲が湧いてきた。これを機に当初の構想を少しだけ拡大し、入門書のレベルでは通常扱わないようなトピックスを付け加えて一気にまとめ上げることにした。こうして出来上がったのがこの『現代存在論講義 I』（およびその続編『現代存在論講義 II』）である。

　本書は、基本的には、哲学に多少なりとも関心をもつ大学生や一般読者を念頭に書かれたものではあるが、哲学を専門とする大学院生が読んだとしても、それなりの発見はあるだろう。また専門の研究者にとっては、持ち合わせている知識を整理する機会になるだろうし、「もっと良い存在論入門を書いてやろう」というリアクションを喚起するものとなるかもしれない。当然、私としては後者の反応も期待している。その意味で、私はあらかじめ「読者層」なるものを絞り込むことはしなかった。読者それぞれの関心と理解度に応じた楽しみ方をしてもらえれば幸いである。

---

[1] 倉田剛「『現代存在論入門』のためのスケッチ：第一部」、九州国際大学紀要『教養研究』第16巻第1号、2009年、119–171頁；「『現代存在論入門』のためのスケッチ：第二部」、九州国際大学紀要『教養研究』第16巻第2号、2009年、123–164頁；「『現代存在論入門』のためのスケッチ：第三部」、九州国際大学紀要『教養研究』第16巻第3号、2010年、157–181頁。

もちろんそうは言っても、私は初学者にとって理解しにくいと思われる議論に関して、つねに分かりやすい説明を心がけた。記述文に時おり「対話文」が織り交ぜられているのはそのためである。プラトンの著作を引き合いに出して、対話という手法が由緒正しきものであると主張するつもりは毛頭ないが（プラトンの対話篇は一級の文学作品でもある）、講義の臨場感を伝えることや、適当な「間」を設けることで論点の再確認を促すことは、時には難しく見える議論の理解を手助けしてくれるに違いない。

　登場人物は、ユイとミノルの二人である。「地の文」を担当する僕（＝先生）を含めると「三人」とカウントすることもできよう。二人の受講者しかいない授業は非現実的だと思われるかもしれないが、現在私が勤務する大学では、そうした牧歌的な授業がなお存在する。（こうした「古き良き大学」がいつまで存続できるのかは分からないが。）ここで二人の登場人物を簡単に紹介しておきたい。ミノルは素朴な直観を大切にし、思いついたことをすぐ口にしてしまう学生である。やや軽率ではあるが、それにもかかわらず（あるいは、それがゆえに）、ときには鋭い問いを投げかけたり、興味深い指摘をしたりする。一方、やや古風な「お嬢様言葉」を話すユイは懐疑的で抑制のきいた知性の持ち主である。しばしば彼女はミノル（や僕）の奔放さに歯止めをかける役割を演じる。また、ミノルは「実在論者」に共感を抱く学生であるのに対し、ユイはどちらかと言えば「唯名論者」の側に立つことが多い。二人の発言はともに私の「内なる声」でもある。それらは私が物事を考えるときに、つねにせめぎ合う二つの声である。

本書の主題

　本書の主題は「現代存在論」である。この分野はやや複雑な歴史的背景をもつが、さしあたりそれを「分析存在論」（analytic ontology）とほぼ同じ意味で解することにしよう。分析存在論は、分析哲学の中でも現在最も勢いがある「分析形而上学」の一分野である。哲学史に通じた人であれば、「分析哲学」と「形而上学・存在論」という言葉の組み合わせに驚くかもしれない。たしかに20世紀前半の分析哲学が、「論理実証主義」と「言語論的転回」の影響のもと、形而上学を不確かで疑わしい学問として断罪したことはよく知られている。しかしながら、1970年代の終わりから80年代の初めにかけて、論理実証主義と言語論的転回の正当性に疑問を投げかける哲学者たちが登場し始める。形而上学的・存在論的探求が再び息を吹き返すようになったのは、主にそうした哲学者たち——アームストロング（D. M. Armstrong）、ルイス（D. Lewis）、ラックス（M. J. Loux）、ヴァン・

インワーゲン（P. van Inwagen）など——の尽力による。このあたりの歴史的経緯については、すでに日本でもお馴染みのものとなりつつあるが、さらに詳細な検討も必要であろう。なぜなら現代の形而上学復興には、「現象学派」——ブレンターノ（F. Brentano）、フッサール（E. Husserl）、マイノング（A. Meinong）、インガルデン（R. Ingarden）など——に関する哲学史研究も少なからぬ寄与をなしているからである。本書がスミス（B. Smith）やサイモンズ（P. Simons）といった（ややマイナーな）哲学者たちの論文を参照するのはそのためである。したがって本書のもう一つの背景は現象学にあると言えなくもない。だがそれはさておき、分析哲学の反形而上学的傾向がもはや過去の遺物と化していること自体は疑いえない。このことは今日、分析形而上学が、「言語哲学」、「心の哲学」、「知識の哲学」などと並んで、分析哲学のうちに確たるポジションを得ている事実からも明らかである。

　分析形而上学が論じるトピックは極めて多岐にわたる。だが本書は、それらの中でも存在論に直接的に関わるトピックのみを扱う。大雑把に言えば、それらは「世界には何が存在するのか」、「世界はどのようなカテゴリー的構造をもつのか」といった問いと直接的に結びついたトピックを指す。たとえば「普遍者と個別者」、「トロープ」、「物質的対象」、「事態」、「可能世界」、「虚構的対象」などは典型的な存在論的トピックである。明確な線引きは難しいとはいえ、「自由意志」、「人格の同一性」、「因果」、「時間と空間」、「神」などのトピックは、形而上学的ではあっても、とくに存在論的ではないという理由により、独立した主題として扱っていない。

本書を世に問う理由——なぜ『現代存在論講義』なのか

　なぜこの本を世に問う必要があるのか。私が本書を執筆した理由について簡単に述べておきたい。第一の理由はしごく単純である。それは日本語で書かれた存在論についての手頃な著作がなかったからである。この状況は、私が本書を構想した時点から多少なりとも変化した。やや手前味噌になるが、その変化の一つは2014年に出版された『ワードマップ現代形而上学』によって生じたと言えよう。[2]だがその入門書は広く現代形而上学を紹介するものであり、存在論に特化したものではない。しだいに私は『ワードマップ現代形而上学』で十分に扱うことのできなかった存在論的トピックをまとめて、それを補完する必要があると考える

---

[2]　鈴木生郎・秋葉剛史・谷川卓・倉田剛『ワードマップ現代形而上学』、新曜社、2014年

ようになった。これが第一の理由である。

　第二の理由は、わが国で流布する存在論についての通念を打破したいからである。わが国では「存在論」と聞くと、直ちにハイデガー（M. Heidegger）を連想する人が多い。（むろんこれは哲学をある程度知っている人たちの反応である。）私自身は、ハイデガーを高く評価し、学生時代から人並みに彼の著作を読んできたつもりである。しかし、「存在論→ハイデガー哲学」という連想はやや安直なものだと思う。彼の「基礎的存在論」（現存在の分析）あるいは「存在に関する後期思想」は、存在論の歴史から見ればかなり特殊である。私は、ハイデガーとはまったく異なる仕方で、伝統的な存在論（形而上学）と向き合えることを本書の中で示したい。

　第三の理由は、存在論こそが最良の「哲学入門」の役割を果たすと確信するからである。存在論は哲学の根幹となる分野である。そこには、「対象」、「性質」、「関係」、「種」、「存在」、「同一性」、「抽象」、「具体」、「可能性」、「必然性」、「例化」、「部分」、「依存」、「実在論」、「唯名論」といった哲学の根本諸概念が登場する。これらの諸概念を理解することを通して、初学者は哲学がいったい何を問題としてきたのか（あるいは問題としているのか）を最も純粋な仕方で知ることができる。また、哲学に属する他の諸分野（言語哲学や心の哲学）は存在論的な基礎概念を暗黙の裡に用いているので、それらの諸概念を理解することは隣接する諸分野の十全な理解につながるはずである。

　最後に、存在論は哲学と他の諸学問を結ぶ接点になりうるからだという理由を挙げておきたい。近年、存在論が知識工学や情報科学によって盛んに応用されていることは、一般の読者のみならず、哲学を専門とする研究者たちのあいだでさえもあまり知られていない。（ためしに片仮名表記の「オントロジー」（存在論）をインターネットで検索してみると、哲学以外の学問で研究されている「存在論」関連の文献を数多く発見するであろう。いまや「存在論」は哲学者たちの専売特許ではない！）本書はこうした「オントロジー」あるいは「応用存在論」を主題的に扱うものではないが、存在論という分野には、ともすれば孤立してしまいがちな哲学という知的営為をその「外」に向かって開く可能性があることを知ってほしい。これが本書を世に問う第四の理由である。

著者の立場——暗黙の前提

　著者自身の「立ち位置」について一言述べておこう。本書は私の哲学的立場を前面に押し出したものではない。とはいえ、あらゆる問題について「中立」を装

うことは極めて難しく、時には欺瞞的ですらある。最近よく「報道の中立性が守られていない」とか、「あれは偏向報道だ」といった言葉を耳にするが、それらは自分が受け入れたくない意見を批判するための方便であることが多い。完全に中立的な報道は困難である。同様のことが哲学の議論についても言える。ただしジャーナリズムとは違い、哲学は、自らの依って立つ明示的／暗黙の諸前提をできる限り明らかにしなければならない。だが実を言えば、これは「言うは易く行うは難し」の典型である。明示的な諸前提については、本書の中で検討されることになる。たとえば私がシンパシーを感じる「実在論」の立場はそうした前提の一つである。しかしながら、私が正しいと考える暗黙の諸前提に関しては、それらを詳らかにすることは容易でない。というのも、それらは私の精神の深層部にあって、私の判断や選択に影響を与えているからである。こう述べると、何か「ミステリアス」なものであるように感じられるかもしれないが、そうではない。それらの諸前提は、哲学の個々の論証の中では見えにくく、正当化の対象にもなりにくいというだけの話である。それらは宗教的な意味での「信仰」などとは異なり、理性的な検証を拒むものではなく、時には訂正されうるものでもある。

　そうした諸前提の中でもとくに大きな影響を与えていると思われるのは、「哲学には固有の問いと方法および説明方式がある」という私の信念である。これは近年、分析哲学の内部でも支配的な立場になりつつある「自然主義」とは相容れない態度である。この自然主義の最もラディカルかつユニークなマニフェストは戸田山和久氏の『哲学入門』に見ることができる[3]。戸田山氏によれば、自然主義とは「科学的知見と科学的方法とを使いながら哲学し、また、哲学説も科学的知見によって反証されることを認める立場、言い換えれば、科学の一部として哲学をやろうぜという立場」(34頁)を指す。戸田山氏の説く自然主義はとにかく痛快であり、人を魅了する力をもつ。できればこれと正面から衝突することは避けたいと思わせるほどの迫力もある。しかしながら、どうしても私は自然主義を受け入れる気にはなれないのである。とりわけ「方法論的自然主義」(哲学と自然科学は同じ方法と目的をもつ)の立場に立つ哲学者たちは、それを「アーム・チェア」に腰掛けながら(あるいはパソコンと書棚しかない研究室から)唱える限りにおいて、「自家撞着」の誹りを免れないように見える。平たく言えば、「言っていること」と「やっていること」が違うじゃないかという話である。(これに対して、「存在論的自然主義」——いわゆる「超自然的なもの」や、時空間に位置をもたな

---

[3]　戸田山和久『哲学入門』、ちくま新書、2014年

い、ないし因果的効力をもたない「抽象的なもの」の存在を認めない立場——は、そうした自己矛盾を含むものではなく、それに賛同するか否かは別として、十分に理解できる。）

とはいえ、現時点で私は、「哲学には固有の問いと方法および説明方式がある」という信念を正当化しうる決定的な論証をもちあわせておらず、また自然主義を論駁するのに十分な論証を提示することもできない。だが、この信念について若干の言葉を補足しておくことはできるだろう。

哲学の歴史において、哲学に固有の方法を否定しようとする立場は幾度となく現れてきた。たとえば 19 世紀の後半に流行した「心理主義」（psychologism）がそうである。狭義の心理主義とは、数学および論理学の法則はすべて心理法則に還元できると説く立場を指すが、広い意味でその矛先は哲学的方法にも向けられていた。こうした心理主義に対して、フレーゲ（G. Frege）とフッサールという現代哲学の二人の祖が猛烈に反発したことはよく知られている。その後、心理主義はどのような運命を辿ったであろうか。現在、少なくとも哲学や論理学の領域において、「心理主義者」を自認する者はほとんどいないように見える。（もちろんクワイン（W. V. O. Quine）による「認識論の自然化」のプログラムを忘れてはならないが、これは「認識論」と呼ばれる一分野の「心理学化」にすぎない。）ある意味で、哲学は心理主義からの攻撃に耐えて「生き延びた」と言えよう。あるいは、もう少し実情に即した言い方をすれば、哲学はそれまで傘下に収めてきたいくつかの分野を経験科学に身売りすることによって、かろうじて「本業」を守ったのである。（これはファンドなどに買収されかかった老舗企業がやることに少し似ている。）現在、自然主義を標榜する哲学者たちのほとんどは、この「生き延びた哲学」の遺産に多くを負っていることを自覚しなければならない。

やや話が逸れるかもしれないが、当時、心理主義者と反心理主義者とのあいだの論争は、大学内の学科間の争いと見なされることがあった。つまり反心理主義者たちは自分たちの領域を死守するために（有り体に言えば、自分たちのポストを守るために）、心理主義に反対していると捉えられもした。これを現在の状況と重ね合わせることもできるだろう。「哲学には固有の問題と方法がある」などと唱える者は、たんに自分たちの首が切られることを恐れて、そのようなことを主張しているにすぎない、と。たしかにこれは「お話」としては面白いが、かなり皮相な見方であると言わざるをえない。それはともかく、ここで私が強調したいのは、哲学はその危機を迎えるたびに、問いを先鋭化させ、論証を精緻化し、方法論の見直しを行ってきたということである。（これが行き過ぎると、職業哲学者に

しか理解できないような「哲学」が出来上がるというジレンマがある。）ゆえに自然主義からの挑戦は、たとえそれが結果的には哲学の「縮小再生産」を促すとしても、哲学的探求のコアを見つめ直す機会になると捉えた方がよい。そのコアの一つが、本書で論じる「存在」や「実在性（リアリティー）」に関わる形而上学的・存在論的問題に他ならない。（もう一つのコアは「価値」や「生き方」に関わる道徳的・倫理的問題であろう。）

　私は、哲学が幾多の危機を乗り越えてきたので、今後もそうやって生き延びていくだろうと楽観しているわけではなく、また哲学的探求は諸科学とは無関係になされうると述べているわけでもない。私も、他の人々と同様に、哲学が生き残るための方策を真剣に模索すべきだと考えている。たしかにそうした方策の一つは「哲学の自然化」であるかもしれない。しかし私にはそれが現実的な方策であるようには見えない。なぜなら、すでに示唆したように、自然科学の最新の成果にもとづいて哲学することと、自然科学の研究に実際に従事することは根本的に異なる二つの知的営為であるからだ。哲学は経験諸科学に敬意を払いながらも、それらとは一線を画す概念的探求に専念すべきである。これが本書の諸講義に通底する「暗黙の前提」である。所詮は「思弁」であることを認め、されど「思弁」がもつ可能性を最大限に引き出すこと。これは哲学に残された（「唯一の」とは言わないまでも）一つの現実的な道である。

　哲学者が科学者の真似事をするのは、チック・コリアがバッハを弾くようなものである。それはそれで微笑ましいが、われわれが聴きたいのは彼のヘタクソなバッハではなく、彼の躍動するジャズである。逆に、クラシックの音楽家がジャズを演奏することもあるが、往々にしてそれはカッコ悪く、聴けた代物ではない。それでもクラシックとジャズは互いにリスペクトしあい、それぞれの独立性を保ちながらも、時おり生産的な交流を行うこともある。これはあくまでも比喩にすぎないが、科学と哲学との関係についてある見方を提供してくれる。哲学が科学の成果を一刀両断することができないのと同様、科学の側も哲学的議論を容易に一蹴できると考えてはならない。両者は「固有の方法と説明方式」をもつからである。それを完全に無視することは、クラシックのピアニストが、ジャズピアニストに向かって「あなたの演奏法は誤っている」と述べるようなものである。

　いずれにせよ、ここで述べた暗黙の前提（私の信念）は、それ自体論証の対象ではなく、むしろ本書全体を動機づけるものである。哲学者はどんな領域に関しても何事かを言いうると過信してはならない。さりとて無理をして科学者の仲間であるふりをする必要はないし、ましてや大袈裟な身振りを交えて自らの「死」

を宣言する必要などない。著者のこうした態度が説得力をもつか否かは、最終的には本書を通読した読者によって判断されるべき事柄であろう。本書を読み進める際に、このことを頭の片隅に置いて頂ければ幸いである。

目　次

序　文　i
　本書の成立とスタイル　i
　本書の主題　ii
　本書を世に問う理由——なぜ『現代存在論講義』なのか　iii
　著者の立場——暗黙の前提　iv

第一講義　イントロダクション——存在論とは何か　　1

1　何が存在するのか　1
　1.1　「何が存在するのか」から「どのような種類のものが存在するのか」へ　1
　1.2　性質と関係　2
　1.3　物とプロセス　5
　1.4　部分と集まり　6
　1.5　種という普遍者　10
　1.6　可能的対象および虚構的対象　12
2　存在論の諸区分　16
　2.1　領域的存在論と形式的存在論　16
　2.2　応用存在論と哲学的存在論　18
　　Box 1　表象的人工物としての存在論——存在論の可能な定義　22
　2.3　形式的存在論と形式化された存在論　23
　2.4　存在論の道具としての論理学　25
　　Box 2　同値、分析あるいは存在論的説明について　30
　2.5　存在論とメタ存在論　32
まとめ　33

第二講義　方法論あるいはメタ存在論について　　35

1　存在論的コミットメントとその周辺　35
　1.1　世界についての語りと思考　35
　1.2　存在論的コミットメントの基準　39
　　Box 3　すべてのものが存在する⁈——存在の一義性について　43
　1.3　パラフレーズ　44
　　Box 4　"No entity without identity"——クワイン的メタ存在論の否定的テーゼ　49

 2　理論的美徳——「適切な存在論」の基準について　51
  2.1　単純性　52
  2.2　説明力　58
  2.3　直観および他の諸理論との整合性　60
 3　非クワイン的なメタ存在論　62
  3.1　虚構主義　63
  3.2　マイノング主義　65
  3.3　新カルナップ主義　69
   Box 5　カルナップと存在論　75
 まとめ　79

第三講義　カテゴリーの体系——形式的因子と形式的関係　81

 1　カテゴリーと形式的因子　81
  1.1　カテゴリーの個別化——形式的因子　81
  1.2　存在論的スクエア　84
 2　形式的関係　89
  2.1　4カテゴリー存在論における形式的関係　89
  2.2　存在論的セクステットと形式的関係　95
   Table 1　主要な形式的関係のまとめ　98
 まとめ　99

第四講義　性質に関する実在論　101

 1　ものが性質をもつということ　101
  1.1　何が問われているのか　101
  1.2　存在論的説明あるいは分析について　103
  1.3　実在論による説明　105
 2　実在論の擁護　109
  2.1　分類の基礎　109
  2.2　日常的な言語使用　111
  2.3　自然法則と性質　115
 3　ミニマルな実在論　117
  3.1　述語と性質　118
  3.2　否定的性質　121

3.3　選言的性質　125
　　3.4　連言的性質と構造的性質　127
　　3.5　付録：高階の普遍者について　131
　　　Box 6　アームストロングへの疑問　136
まとめ　137

第五講義　唯名論への応答　139

1　クラス唯名論　139
　　1.1　クラスによる説明　139
　　1.2　例化されていない性質および共外延的性質の問題　141
　　1.3　クラスの同一性基準と性質　145
　　1.4　すべてのクラスは性質に対応するのか　145
2　類似性唯名論　147
　　2.1　類似性の哲学　147
　　2.2　類似性唯名論への反論　150
3　述語唯名論　152
　　3.1　正統派の唯名論　152
　　3.2　述語唯名論への反論　153
4　トロープ唯名論　154
　　4.1　実在論の代替理論としてのトロープ理論　154
　　4.2　トロープの主要な特性とそれにもとづく「構築」　156
　　4.3　トロープ唯名論のテーゼとそれへの反論　159
　　　Box 7　トロープへのコミットメントを動機づける理由　161
　　4.4　実在論との共存　163
まとめ　165

結語にかえて——存在の問いはトリヴィアルに解決されるのか？　167

読書案内　177
あとがき　181
索引　183

装幀——荒川伸生

第一講義

イントロダクション
——存在論とは何か

　この第一講義の主なねらいは、存在論という学問についての大まかなイメージを提供することにある。講義の前半では、存在論の典型的なトピックスを挙げ、そこで問われている事柄を分かりやすく解説する。例として挙げられるのは「カテゴリー」、「性質と関係」、「物とプロセス」、「部分と集まり」、「可能世界」、「虚構的対象」といったトピックスである。講義の後半では、存在論の諸区分に関する考察を通じて、この学問についてのイメージをさらに鮮明にすることを目指す。

1　何が存在するのか

1.1　「何が存在するのか」から「どのような種類のものが存在するのか」へ
　「世界にはいったい何が存在するのか」。これが存在論の最初の問いであり、究極の問いでもある。途方もないことを問うているように見えるが、まずはウォーミングアップも兼ねて「この教室には何が存在するのか」という問いを考えてみよう。

ミノル　この教室に何が存在してるのかって？　えーっと、先生がいて、ユイちゃんがいて、僕もいて……。前に大きな黒板があって、後ろに小さな黒板があって、僕が座っている椅子があって、ユイちゃんが頬杖をついている机があって、先生が手にしているチョークがあって……。

ユイ　まったく要領が悪いわね。そんなものいちいち挙げていたらきりがないでしょ。人がいて、黒板や椅子や机やチョークもある、と言えばいいじゃない。もっと簡単に言えば、人と物が存在するということになるわね。この教室に存在するものをすべて言い尽したわよ。

存在論へのファースト・ステップとしては悪くないやりとりである。ここには文字通りの「何が存在するのか」という問題から、「どのような種類のものが存在するのか」という問題への移行が見られる。存在論者は「何が存在するのか」という問いに対して、あれやこれやのものを枚挙するという答え方を求めているわけではない。もしそうであれば、われわれは存在するものの途方もないリストを作成しなければならないだろう。存在論者は、そうしたリストではなく、あれやこれやのものが属する種類のリストを作ろうとしているのだ。こうした種ないし類は「カテゴリー」(categories) と呼ばれる。

カテゴリーのレベル分けとそれに対応する存在論の区分についての話は、この第一講義の後半で行うことにしよう。また、カテゴリーに関するさらに立ち入った話題は第三講義の中で論じることにしたい。

1.2 性質と関係

さしあたり「人」というカテゴリーに属するものが存在し、「物」というカテゴリーに属するものが存在する。このことはもっともらしい。しかしこの教室に存在するものは果たしてそれだけだろうか。

ミノル この教室には白いチョークが存在し、白い紙が存在し、白いシャツを着た人が存在する。だから白さも存在するんじゃないかな。同じように、四角い黒板が存在し、四角い机が存在し、四角いノートも存在するから、四角さも存在する。つまり、個々の白いものが共有する白いという性質や、個々の四角いものが共有する四角いという性質が存在するってことだよ。これって何だか哲学っぽい。まあ、そうした性質がこの教室という空間の中に存在するかどうかは分からないけれど。

ユイ 私には「悪しき哲学」って感じがするわ。そんなふうに考えていけば、私もミノル君も学生だから、学生であるという性質が存在することにならない？ 個々の学生であれば、握手をしたり、蹴飛ばしたりできるけど、どうやって学生であるという性質と握手したりそれを蹴飛ばしたりできるわけ？ 同様に、このボールペンは日本製で、このペンケースも日本製だから、それらが共有するメイド・イン・ジャパンであるという性質が存在するって言いたいわけ？ でも実際、目の前に見えているものは、このボールペンとペンケースだけであって、メイド・イン・ジャパン性なんてものはどこにも見えてないわけでしょ。たしかに製品に印字されてある "MADE IN JAPAN" という文字は見えているけれど、それはインクの染みに

過ぎないわけで……。とにかく、私やミノル君に加えて学生性が存在する、あるいはこのボールペンやペンケースに加えて、メイド・イン・ジャパン性が存在すると説く立場はしっくりこないわ。存在するものは個々のものだけで十分だと思う。

　早くもミニチュア版「**普遍論争**」(Problem of Universals) が生じようとしている。普遍論争は存在論の歴史の中でもっとも由緒正しき論争として知られる。そこでは、ユイさんやミノル君といった「人」、このチョークやあのペンケースといった「物」、より正確には具体的な「**個別者**」(particulars) たちに加えて、それらが共有する**性質**（properties）、すなわち「**普遍者**」(universals) が存在するか否かが最大の争点となる。よく知られているように、普遍者の存在を認める立場は「**実在論**」(realism)、それを否定し個別者のみが存在すると説く立場は「**唯名論**」(nominalism) と呼ばれる。

ユイ　その「フヘンシャ」っていったい何なの？　いかにも哲学らしい大仰な響きがするけど。

　普遍者についての詳細は第四講義で検討することになるので、ここではごく大雑把な仕方で説明しておこう。普遍者というのは、個々のものが共有しうる同一の何かであり、反復可能な何かだとされる。たとえばユイさんのノートとミノル君のノートといった個別者は、同一のノート性という普遍者を共有している。個別者としてのノートは燃やされて灰になってしまえば、この世界に再び出現することができないのに対し、普遍者としてのノート性は燃やすことができないばかりか、新たに製造される個々のノートのうちに同一のものとして反復される。

ミノル　個々のノートを眺めたり、それに触れたりすることはできるけど、ノート性そのものを見たり、ノート性にメモを取ったりすることはできない。そもそも物質的なものではないから、ノート性を燃やすことなんてできっこないよね。

ユイ　つまり、普遍者としてのノート性は非物質的対象ということになるわね。でも、真面目な学問がそんな対象の存在をめぐって議論するなんて。存在論者は幽霊の研究でもするつもり？

　そうではない。存在論者はいわゆる**抽象的対象**（abstract objects）の存在には

興味をもっていても、幽霊の存在にはほとんど何の関心も抱かない。一般的に「**抽象的対象**」とは時空間のうちに位置をもたない対象だとされるが、ここでは少なくとも空間のうちに位置をもたない対象として理解しておこう[1]。数や命題（「ピュタゴラスの定理」など）と同様に、普遍者もまた抽象的対象の一種だと考えられる。ところが幽霊は、もしそれが存在するとしても、抽象的対象ではない。というのも、幽霊はその姿や声が時おり観察できるものとして理解されるからである。

ミノル　心霊写真に背後霊が映っていたとか、悪霊の声が聴こえたとか、そんな言い方をする人がいるもんね。でも、たしかにそうした意味で幽霊は時空間の中に位置をもつ**具体的対象**（concrete objects）として捉えられている。

　だから「非物質的」だからといって、普遍者の話と幽霊の話を一緒くたにすることはできない。もし幽霊の存在について議論したいのであれば、それは存在論者にではなく、むしろ物理学者に任せた方がよかろう。もちろん「観察された（と称される）データ」にそもそもの不備があるので、結局はそんなものは存在しないということになるだろうが[2]。

　思わぬ方向に話が逸れてしまった。話を普遍者に戻すと、現代の実在論者たちの多くは、性質に加え、**関係**（relations）もまた普遍者であると考える。たとえばノートが机の上にあり、チョークが教卓の上にあるという事態（事実）が共に成立しているとしよう。彼らによれば、それらの事態は○○は××の上にあるという関係を共通項としてもつ。また、黒板と教卓とのあいだには1メートルの間隔があり、ミノル君とユイさんもまた1メートル離れて座っているとしよう。ここにも○○と××は1メートル離れているという共通の関係が存在するように思われる。実在論者たちは、こうした関係が他の様々な個別者たちのあいだにも反復

---

[1]　この種の規定を採用するのは「時間のうちに位置をもつ抽象的対象」の可能性を確保したいからである。こうしたものの中には、理論や法や音楽作品なども含まれる。それらはある時点で創造されたという意味で時間的起源を有するが、空間内に特定の位置をもつようには見えない。

[2]　とはいえ、次の二つの点を補足しておきたい。第一に、「非物質的ではあるが、具体的である対象」という概念自体はそれほど奇妙なものではない。たとえば、影や境界がそうした対象であると主張することは可能である。なぜなら、それらは空間内に位置をもつが物質的であるようには見えないからだ。第二に、神話や小説に現れる特定のキャラクターとしての「幽霊」は、存在論的探求の対象となりうる。たとえば、ギリシャ神話に登場する、セイレーンたち（舟人を誘惑する海の魔女たち）は「虚構的対象」と呼ばれる一種の抽象的対象だと考える存在論者もいる。これについてはII巻第四講義で論じる。

されうると主張する。

　普遍者の存在を認めない立場、すなわち唯名論については主に第五講義の中で議論を行う。現代存在論において唯名論はいくつかのタイプに区分される。われわれは「**クラス唯名論**」、「**類似性唯名論**」、「**述語唯名論**」、「**トロープ唯名論**」という四つのタイプの唯名論を取り上げ、それらの妥当性を吟味することにしたい。

　この講義が扱う「普遍者の問題」は、伝統的な存在論における諸議論との連続性をもつが、「現代存在論講義」と銘打つ以上、古い問題のたんなる焼き直しであってはならない。われわれは第四講義の後半で「今日的な実在論」の可能性もあわせて模索することにしたい。そこでは伝統的な存在論が明確に論じることのできなかった諸問題（述語と性質との対応、否定的性質、構造的普遍者、高階の普遍者など）を検討する予定である。

1.3　物とプロセス

　さしあたり人や物といった個別者が存在し、さらに個別者がもつ性質や個別者のあいだに成立する関係も存在することを認めたとしよう。これらがこの教室に存在するもののすべてだろうか。

ミノル　この教室では講義が行われているわけでしょ。ということは、何だか変な言い方かもしれないけど「講義が存在する」って言えないかな？　もっと具体的に言えば、先生が何かを話したり、問いかけたり、学生がそれを聴いたり、それに答えたりする活動だけど。それ以外にも、あくびをしたり、居眠りをしたり、携帯でメールを打ったり……。

ユイ　「そうした活動が存在する」と言ってもそれほど奇妙ではないわ。でも、それらは机や椅子といった「物」とは異なるカテゴリーに属しているような気がする。

　多くの存在論者たちは、それらの諸活動が「**プロセス**」と呼ばれるカテゴリーに属すると考える。むろんプロセスには人間の活動の他にも、火山の噴火やプレートの移動といった自然現象も含まれる。プロセスがいわゆる「物」とは異なるという直観は、日常的にも幅広い支持を得ているように思われる。

　物もプロセスも、時空間に特定の位置をもつという意味において個別的なものであるが、それらは「時間を通じて存続（持続）する様態」の違いによって区別

されうる。この区別およびその妥当性については主にII巻の第一講義の中で論じるが、さしあたりそれらの違いは次のように表現することができる。すなわち、物は空間的なひろがりをもつ三次元的対象であり、同一性を維持しながら時間のうちで存続するのに対し、プロセスは空間的なひろがりに加えて、時間的なひろがりをもつ、あるいは「**時間的部分**」（temporal parts）をもつ**四次元的対象**であり、時間のうちで自らを展開するという仕方で存続する。

ユイ たとえば先生のノートは三次元の物体で、それが製造されて以来ずっと「同じノート」として存続しているってことね。ところがこの教室で行われている講義は、最初の五分間の雑談、講義の前半部と後半部、そして最後の質疑応答といった「時間的部分」をもつことで、徐々に展開していくプロセス（四次元的対象）である、と。

　そういうことになる。ここで話が終わってしまえば簡単なのだが、現代の存在論者たちの中には、物をプロセスに還元したがる者も多い。こうした存在論者は「四次元主義者」と呼ばれる。彼らによれば、われわれが三次元の物体だと考えているものは、実のところ、時間のうちで展開するプロセスに他ならない。われわれは第三講義の後半で、三次元主義と四次元主義との対立を調停しうるようなカテゴリー体系（「存在論的セクステット」）に言及するとともに、II巻の中で「中間サイズの物質的対象」を論じる際に、この対立についてもう一度考えることにしたい。

1.4　部分と集まり

ユイ　ところで物が存在するとすれば、当然その（空間的）**部分**も存在すると考えていいわけよね。

ミノル　同様に、物が存在するとすれば、複数の物から成る**集まり**も存在するのかな？

　これらの問いに対して、ほとんどの人は躊躇することなく「イエス」と答えるのではなかろうか。まずは「部分」について考えてみよう。いま僕が触れている教卓が存在するとすれば、その脚や天板といった部分もまた存在する。僕の目の前にある時計が存在するならば、その歯車や秒針もまた存在する。このように考

えるのはごく自然である。

ユイ さらにミクロな部分も存在するわよね。木製の天板を構成しているセルロース分子だったり、歯車を構成している鉄の原子だったり。

　その通りである。ふだんわれわれが目にしている物はそうした諸部分の入れ子構造をもつと言える。

ミノル だったら、この教卓の「右側半分」とか、この時計の「左側三分の一」といった部分も存在するのかな？

　これはかなり手ごわい質問である。ふつうわれわれが「部分」と言うときには、何らかのまとまりをもつ対象（脚、天板、歯車、秒針など）を指す。だがその「まとまり」が何であるのかを言い当てるのは容易ではない。他方で、「部分」をそうしたまとまりをもつ対象に限定する必要はないと考える哲学者たちもいる。つまり物の任意の空間的部分（時計の「下側三分の一」でも、「上側四分の一」でも何でもよい）は存在するというわけである。これが正しければ、存在する部分の数は飛躍的に増えることになろう。
　次に、これと類似する問題を「集まり」に即して考えてみたい。
　「集まり」（collection）という言葉はとても曖昧である。なぜならそれは**集合**（set）ないし**クラス**（class）を表すこともあれば、**集積**（aggregation）ないし**和**（sum）を表すこともあるからだ。

ミノル それらはどう違うの？

ユイ 集合（クラス）というのは、数学の授業で出てくるやつでしょ。この教室にいる学生の集合は、私とミノル君という二つのメンバーをもつ。同様に、この机の部分をメンバーにもつ集合なんてものも作れるわね。でも、それらが私とミノル君から成る集積（和）や、四本の脚と天板から成る集積（和）とどう違うのかよく分からないわ。どちらも物の集まりよね。

　ごく大雑把に言えば、集合とそのメンバーはしばしば異なる存在論的カテゴリーに属するのに対し、集積とその構成部分は同じカテゴリーに属する。先ほど

の例で説明しよう。この教室にいる学生の集合のメンバーは具体的な対象（人間）であるが、集合それ自体は抽象的なものである。それは少なくとも空間の中に特定の位置を占めるものではない。だから、われわれはそれに触れることはできないし、それを見ることもできない。他方で、4本の脚と天板から成る集積、すなわちこの机は、脚や天板と同様に、具体的な対象である。具体的な物であるチョーク12本から成る1ダースの束はそれ自体具体的な物であると言っても同じである。この他にも、集合と集積との重要な違いはあるが、それに関しては後の講義で触れることにしよう。

さて本題に入ろう。ここでのわれわれの関心は集積（和）としての集まりにある。なるほど存在する複数の物が集まって一つの集積を形成するという考え方はごく自然である。しかしながら、存在する物から成る集積は、どんな集積であれ存在するのであろうか。

ミノル 「どんな物の集積でも存在する」ことを認める人は、僕のボールペンとユイちゃんの鼻から成る集積が存在するって本気で主張するのかな？　うーん、僕としては、複数の物から一つの集積が形成されるためには何らかの基準を満たす必要があると思うけど。

ユイ さっき例で挙げられた、12本のチョークから成る集積（1ダースの束）のように、集積は似たような物から形成されなければならないのかしら？

ユイさんは、複数の物が一つの集積を形成するための基準は、それらの物が互いに似ていることであると暗に述べているが、そのような基準を満たさずに一つの集積を形成する事例は数多くある。先ほど例に挙げた四本の脚と天板は互いに似ていないにもかかわらず、一つの集積（机）を形成している。また、「似ている」という基準を満たしていても、一つの集積を形成するとは言い難い事例は数多くあるように見える。たとえば、この九州大学にあるチョークと東京大学にあるチョークはよく似ているが、それらを構成部分とする一つの集積が存在すると考えるのは直観に反する。[3]

ミノル 脚と天板にせよ、1ダースのチョークの束にせよ、一つの集積を形成する

---

[3] 「直観に反する」という言い回しはこの講義の中でしばしば用いられるが、この意味については主に第二講義の2.3節で検討する。

ように見えるケースでは、各部分が何らかの緊密な関係に立っているよね。ふつう僕たちは、これを空間的に接触しているという関係だと考えているんじゃない？

ユイ そうねえ。脚と天板はくっついているし、チョークの束も箱の中でくっついていると言えなくもない。それに対して、九大のチョークと東大のチョークとのあいだには空間的な隔たりがある。

　そう考えたくなるのも無理はないが、空間的な接触関係も、一つの集積を形成するための基準であるようには見えない。たとえば、太陽とその周りを回る惑星たちは「太陽系」と呼ばれる一つの集まり（集積）を形成しているが、太陽や惑星たちが文字通り「くっついて」いるわけではなかろう。

ミノル なるほど。ビキニだって、ブラとパンツは接触していないけれど、一つの集積として存在するもんね。

　まあ、そんなところである。ブラまたはパンツのどちらか一方だけを身に付けている人は「ビキニを身に付けている」とは言えないので、おそらくビキニは一つの集積ないし複合的対象であると思われる。
　このあたりでまとめておこう。多くの哲学者たちは、一つの集積（複合的対象）が形成されるための基準などないという結論に至る。ここから二つのラディカルな立場が生まれる。一つは「**メレオロジー的なユニヴァーサリズム**」（mereological universalism）という立場である。[4] この立場によれば、どんなものの集まりでも一つの集積を形成することができる。こうした集積は「**メレオロジー的和**」（mereological sum）と呼ばれる。したがって、いくら奇妙に見えたとしても、ミノル君のボールペンとユイさんの鼻から成る複合的対象（メレオロジー的和）は存在する。言ってみれば、この組み合わせは良くて、あの組み合わせはダメだという差別をしない「寛容」な立場である。この立場の利点の一つは、「複合的対象を形成するための基準」の問題を解消できることにある。もう一つの立場は「**メレオロジー的なニヒリズム**」（mereological nihilism）である。この立場は一切の複合的対象の存在を認めない。言い換えれば、複数の部分から成る対象など存在しないと主張する立場である。この立場はユニヴァーサリズムの対極にあると言え

---

[4] 「メレオロジー的」という表現は「メレオロジー」（mereology）、すなわち部分と全体に関する一般的理論に由来する。

よう。

ユイ　「ニヒリズム」って言うから、ニーチェの哲学でも出てくるかと思いきや。

ミノル　それにしてもニヒリズムが正しければ、ビキニが存在しないばかりか、その構成部分であるブラやパンツも存在しないことになるよね。だってそれらは無数の分子を部分としてもつから。まあ、ビキニやブラが存在しなくてもそれほど困らないけれど。でも僕自身も多くの細胞から成る集積でしょ。ゆえに僕は存在しない。「われ集積であるゆえにわれなし?!」これこそ本当の「虚無主義」だよ。

　残念ながら、もっともラディカルなニヒリストに従えばそのような結論が出てくる。ただし、ニヒリストは「いかなるものも存在しない」と主張しているわけではない。彼らにとって存在するものとは「(メレオロジー的に)単純なもの」、すなわち部分をもたないものである。そうした単純なものの候補は、現代の物理学が間違っていなければ、物質を構成する最も小さな単位としての素粒子ということになるだろう。

　この講義では、ユニヴァーサリズムとニヒリズムを主題的に扱うことはしないが、前者に関しては、第二講義で論じるメタ存在論の話題の中で、後者に関しては、II巻の第一講義で論じる物質的構成の話題の中でもう一度言及する予定である。

1.5　種という普遍者

「種」(kinds)を独自のカテゴリーとして認めるべきだと主張する哲学者たちがいる。種のカテゴリーに属するものとしては、金や水といった**物質種**、カエルや人間といった**生物種**が最初に挙げられるが、若干の留保を付け加えれば、椅子や国家といった**人工物種**もこのカテゴリーに含めてよいだろう。これらの種は、個々の金塊やカエルや椅子たちを実例としてもつ普遍者だと考えられる。

ユイ　ちょっと待ってよ。わざわざ「金という種」、「カエルという種」、「椅子という種」なんて言ってるけど、それぞれ金性、カエル性、椅子性といった性質のことを指しているんじゃないの?

　たしかにユイさんのように考える現代哲学者は多い。性質に加え、種という普

遍者の存在を認めるのは、同じものを二度カウントするようなものだと。しかしながら第三講義でも見るように、種を独自のカテゴリーと見なす存在論はアリストテレスの時代から現代まで脈々と受け継がれている。種と性質を一つのカテゴリーにまとめてしまう傾向はむしろ現代になって現れたと言っても過言ではない。このことを以下の二つの例文に即して簡単に確認しておこう。

　（1）ヨウコは人間である。

　（2）ヨウコは色白である。

　一見すると（1）も（2）も「aはFである」という典型的な主語述語形式をもつように見える。また実際に、この第一講義の後半で紹介する一階述語論理ではそのような理解のもとに形式化がなされる。しかしながら、両者の述定（述語づけ）の仕方には根本的な違いがあると考える哲学者たちもいる。
　（1）の述定は、ヨウコが存在するすべての時点で成り立つ。つまり（1）は、ヨウコが存在する限りヨウコは人間であるという本質的な述定を表現している。（ヨウコがヨウコとして存在する限りにおいて、ある時点において人間でなくなることはできない。）それに対し（2）の述定は偶然的なものである。なぜなら、ヨウコはある時点において（日焼け等によって）色白でなくなることもできるからだ。この違いから、（1）においては人間という種の述定が表現されているのに対し、（2）においては白さという性質の述定が表現されていると説くことはそれほど奇妙ではない。
　だがこの説明だけでは不十分なので、もう少しだけ種の役割を解説しておこう。一般的に、種はものを数え上げる際の基準を与えると言われる[5]。たとえばこの教室に「椅子がいくつあるか」と問われたとき、われわれは実際にこの教室にある椅子を数え上げることができる。なぜなら数え上げられているものは、椅子と

---

[5]　正確に言えば、これは種の中でも「ソータル」（sortals）と呼ばれるものの役割である。種の一つである物質種（金や水）にこうした役割を期待することはできない。なぜなら「このカウンターの上にはいくつの水があるのか」という問いに答えることはできないからである。水を数えたいのであれば、むしろ「ペットボトルの水がいくつあるのか」と問われなければならない。ここでの数え上げを可能にしているのはボトルという種（あるいはソータル名辞「ペットボトル」）である。もちろん「どれだけの水があるのか」という問いは正当なものであるが、そこでは水の数ではなく、その量が問われていることに注意しなければならない。「可算／非可算」という言語学的区分が「ソータル／非ソータル」の区分と必ずしも重ならないことはII巻の第二講義で触れる予定である。

いう種に属することによって「輪郭」を与えられるからだ。ところが「白いものがいくつあるか」という問いに確定的な答えを出すことはできない。というのも、白いものは無数の白い部分をもちうるし、白いものが集まって白い複合的対象を形成することもあるからだ。たんに「白いもの」と言ったとき、そうした部分をカウントするのか、同様に集まりもカウントするのかがはっきりしない。したがって「白いもの」は種ではなく、ものを数え上げる際の基準を与えることはできない。

また、多くの種は「法則的一般化」と結びついている。簡単に言えばこうである。蚊という種（生物種）に属するもの（個々の蚊たち）について、われわれはある程度その行動を説明し、予測することができる。たとえばこの教室に蚊がいれば、なぜそれが暖かい時期に多く見られるのかを説明できるし、じっとしていればやがて血を吸いに来ることを予測することもできる。しかしながら、性質はこうした仕方で法則的一般化と結びついているわけではない。たとえば十キログラム以上の重さをもつという性質から説明できることや予測できることはあまりない。この教室には十キログラム以上の重さをもつ対象がたくさんあるが——この教卓やミノル君は当該の性質をもつ——それらに共通する振る舞いを説明したり予測したりすることはほとんど不可能であろう。

種と性質を区別するカテゴリー体系の考察は主に第三講義で行い、種についてのやや立ち入った検討はII巻の第二講義で試みることにしたい。

1.6　可能的対象および虚構的対象

冒頭の問いに戻ろう。存在論の第一の問いは「何が存在するのか」という途方もないものであった。この問いに対し、われわれはこの教室という身近な場面から出発し、そこに存在すると考えられるものの候補を思いつくままに挙げてきた。

ミノル　カテゴリーを特定するという仕方でね。そこでは「物」、「プロセス」、「性質」、「関係」、「種」などが挙げられた。

ユイ　カテゴリーと呼べるか分からないけれど、物の「部分」や「集まり」の存在についても考えたわ。

しっかりついてきているようだね。現代存在論についてのイメージをよりはっきりとさせるために、この節では「**可能的対象**」（possibilia）、とりわけ「**可能世**

界」（possible worlds）と呼ばれるアイテムの存在について考えてみたい。（これに関連する話題については、第三講義でクワインのメタ存在論を論じる際と第五講義で「性質のクラスへの還元」を論じる際に再び言及する。またⅡ巻の第三講義において可能世界の概念をより詳細に論じる予定である。）

　いま僕はこうして哲学教師を生業にしているけれど、若い頃はミュージシャンに憧れていたんだ。まったく才能がないことを自覚していたので、早々と断念してしまったけれど。それはともかくとして、「クラタはミュージシャンであることもできた」という文は、現実には実現されなかった**可能性を表現する「様相文**」（modal sentence）である。このタイプの文は、「クラタは哲学教師である」といった通常の文とは異なるものの、やはり何らかの真理を表現しているように見える。

ミノル　そうだね。僕は高校を卒業するとき、大学に進学するか、海外に放浪の旅に出るか迷った末に結局は大学生になったから、「ミノルは大学生でないこともできた」はある種の真理を表現していると思う。だって、大学受験なんかせずにさすらいの旅人になる可能性はあったわけだからね。

ユイ　それはそうだけど、様相文の正しさ（真理）はどうやって説明されるわけ？「クラタはミュージシャンである」や「ミノルは大学生ではない」といった通常の文であれば、比較的簡単に説明がつくわ。つまり、前者の文であれば、クラタ先生が、実際にミュージシャンであるという性質をもっていれば真であり、そうでなければ偽である。後者の文では、ミノル君が、大学生であるという性質をもっていれば偽、そうでなければ真でしょ。でも、「クラタはミュージシャンであることもできた」や「ミノルは大学生でないこともできた」といった様相文については、その種の説明が成り立たないような気がする。

　多くの現代哲学者たちは、こうした様相文の真理（「様相的真理」）を「可能世界」に訴えて説明しようとするんだ。

ユイ　可能世界?!　SFについての講義でもはじまるの？

ミノル　僕は何だかワクワクしてきたな。

　哲学における可能世界の議論について、端からそれを馬鹿にするのも誤ってい

るし、逆に過剰な期待をもつのも誤解を招きやすい。さしあたり「可能世界」とは、「この現実世界における事物のあり方に何らかの変更を加えてできあがる世界」というぐらいの意味で理解してほしい。先ほどの文が真であるための条件は、可能世界という概念を用いて、次のように説明される。「少なくとも一つの可能世界において、クラタはミュージシャンである」。

ミノル なるほど。クラタ先生は、この現実世界ではミュージシャンではないけれど、この世界とは別の可能世界においてミュージシャンであることが「クラタはミュージシャンであることもできた」という文の真理を説明するんだね。

そういうことである。「クラタはミュージシャンであることもできた」が真であるのは、ある可能世界において「クラタはミュージシャンである」が真であるとき（かつそのときに限る）と言っても同じことである。これまでは可能性に関する様相文だけを例に挙げてきたが、**必然性**に関する様相文についても同様の説明がなされる。たとえば「独身者が配偶者をもたないことは必然である」という文の真理は、すべての可能世界において、独身者は配偶者をもたないことだと説明される。

ユイ でも、そうした説明をする哲学者たちは、この現実世界の他に、可能的な世界が存在するって本気で主張しているのかしら？

可能世界に関しては多くのテクニカルな議論が知られているが、この講義の中で考えたいのは、むしろユイさんが提起するような存在論的問題である。ある意味でこれは先述した「普遍者は存在するのか」という問題とよく似ている。というのも、可能世界の存在を擁護する立場（実在論）とその存在を否定する立場（反実在論）が、普遍論争とよく似た議論を繰り広げているからである。

とはいえ、この講義では可能世界に関する「実在論 vs. 反実在論」をスタンダードな仕方で論じることはしない。なぜなら、この論争に関しては日本語で書かれた良質の教科書・概説書等がすでに数多く存在するからである[6]。そこで、普遍者に関しては（愚直に）直球で攻めていく予定だが、可能世界に関しては「変化球」を使って勝負することにしたい。

---

[6] ここで念頭に置いているのは、飯田隆『言語哲学大全 III：意味と様相（下）』（勁草書房、1995年）や八木沢敬『神から可能世界へ：分析哲学入門・上級編』（講談社選書メチエ、2014年）などである。

ここでの「変化球」とは、可能世界に関する**虚構主義**（fictionalism）を指す。ごく大雑把に言えば、それは可能世界の存在に関する主張を、額面通りに受け取る必要はないと説く立場である。哲学者たちは、先に挙げた様相文の分析において、可能世界の存在にコミットする言明を用いるが、それは小説などのフィクションにおける言明と類比的に捉えられる。たとえば、コナン・ドイルの小説の中には、ベイカー街に住んでいる名探偵（シャーロック・ホームズ）の存在にコミットする文が数多く現れるが、われわれはその探偵の存在を真面目に信じる必要はない。それと同様に、哲学者たちの理論の中には、しばしば可能世界の存在を主張する文が登場するが、われわれはその存在を文字通りに信じる必要はないというわけである。言い換えれば、そうした哲学理論はある種のフィクション（虚構）であり、可能世界は、シャーロック・ホームズと同様の「**虚構的対象**」（fictional objects）として捉えられる。ゆえに、そうした理論は真理を表現するものではない。だが、それにもかかわらず有用なフィクションだと見なされるのである。

　われわれは第二講義で「非クワイン的なメタ存在論」を論じる際に、この虚構主義という立場一般についてのやや詳しい説明を与える予定である。また、「可能世界に関する虚構主義」についてはII巻の第三講義の中でその検討を行うことにしたい。

ユイ　結局のところ可能世界は虚構的対象として片づけられるのね。少し安心したわ。

ミノル　でも「虚構的対象」って何だろう？　可能世界に関する理論をある種のフィクションだと断じるのはいいけれど、世界のうちに虚構的対象の居場所はまったくないと言えるのかな？　シャーロック・ホームズといった小説のキャラクターたちは、もちろん普通の意味では存在しないかもしれないけれど、それでも僕たちの世界の一部であるような気もするんだ。

　ミノル君が指摘するように、たとえ可能世界が虚構的対象の一つだとしても、なお「虚構的対象とは何か」、「虚構的対象はいかなる意味においても存在しないのか」といった問題は依然として残るだろう。こうした問題は第二講義で扱うメタ存在論の話題と部分的に重なる。また虚構的対象はII巻の第四講義の主題となる予定である。

2　存在論の諸区分

　以下この第一講義の後半部では、存在論の諸区分を考察することを通じて、われわれが主題とする学問分野についてのイメージをより鮮明にすることを試みたい。また、現代の存在論を理解するうえで必要と思われる論理学の基本的な知識についても、少しだけ時間を割くことにしたい。
　ここで考察されるのは以下の四つの区分である。
　（a）領域的存在論（質料的存在論）／形式的存在論
　（b）応用存在論／哲学的存在論
　（c）形式的存在論／形式化された存在論
　（d）存在論／メタ存在論
これらの区分は網羅的なものではなく、また重複する内容も含むが、存在論という理論的営みを俯瞰的に眺める際に有益な諸区分である。

2.1　領域的存在論と形式的存在論

　領域的存在論（regional ontology）とは、ある特定の領域に固有の存在論のことを言う。たとえば「生物学の存在論」や「気象学の存在論」は領域的存在論である。（典型的には「○○の存在論」と表現される。「○○」には特定の学問名が入る。）フッサールはそれらを「**質料的存在論**」（material ontology）とも呼んだ。それに対し、**形式的存在論**（formal ontology）とは、特定の領域に依らない、**領域中立的な**（domain-neutral）存在論を指す。ここでの「形式的」は「一般的」（general）とほぼ同義である。
　領域的存在論の課題は、特定の領域における類ないし種を見つけ出し、それらに属する対象の本性およびそれらのあいだに成立する関係を記述することにある。一方、形式的存在論の課題は、最も一般的な、すなわち領域中立的な類ないし種を個別化し、適切にレイアウトするとともに、それらに属する対象の本性とそれらのあいだに成立する関係（**形式的－存在論的関係** formal-ontological relation）を記述することにある。形式的存在論が扱う類（種）が「本来的な意味でのカテゴリー」だとすれば、領域的存在論が扱う類（種）は「派生的な意味でのカテゴリー」である。[7]

---

[7]　本来的には、最高次の類（種）のみを「カテゴリー」と呼ぶ。ゆえに領域的存在論が扱う類（種）をカテゴリーに含めるとすれば、それは派生的な意味においてである。

やや抽象的な記述が続いたので、次の図1に即してこの区分をより具体的に説明することにしよう。

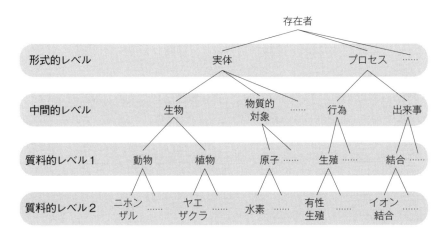

図1　カテゴリーのレベル[8]

この図1は甚だ不完全なものであるが、「カテゴリーのレベル」を理解するという当面の目的にとっては十分であろう。まずは最も下位の「質料的レベル2」を見てみよう。このレベルには「ニホンザル」といった生物種、「水素」といった物質種、「有性生殖」といった行為の種が属する。これらの特殊なカテゴリーを扱うのは各個別科学（動物学や化学）の領域的存在論である。これよりも上位の「質料的レベル1」に属する諸カテゴリー（「動物」、「原子」など）は、より高い一般性をもつとはいえ、形式的存在論が扱うカテゴリーと比べれば、なお特殊なものである。形式的存在論は、最上位に位置する「形式的レベル」のカテゴリー、すなわちここでは「実体」や「プロセス」を探求の対象とする。このレベルに属するカテゴリーは、最も高い一般性を有し、特定の科学に固有のカテゴリーではないという意味において領域中立的である。この図1では「形式的レベ

---

[8]　P. Grenon, "A Primer on Knowledge Representation and Ontological Engineering", in M. Katherin & B. Smith (eds.), *Applied Ontology: An Introduction*, 2008, Ch. 3: 57–81および倉田剛「コンティニュアント／オカーレントの形式的存在論とその応用について」、九州大学哲学会編『哲学論文集』第49号、2013年、127–148頁を参照。この図において「生物」と「物質的対象」は同レベルに位置しているが、これはあくまで便宜的な位置づけである。この講義の中で「生物」はむしろ「物質的対象」の下位カテゴリーとして扱われる（とくにII巻第二講義）。

ル」と「質料的レベル」とのあいだに「中間的レベル」を設けているが、このレベルに属する「生物」や「物質的対象」などのカテゴリーは、個別科学の探求対象であると同時に、しばしば存在論的−形而上学的探求の対象ともなる。実際、「生物（生命をもつもの）とは何か」、「物質的対象とは何か」という問いは科学の問いであると同時に、哲学の問いでもある。

2.2　応用存在論と哲学的存在論

　次に (b) の区分を考えたい。近年、「**応用存在論**」（applied ontology）という言葉をよく耳にするようになった。（片仮名で「オントロジー」と表記されることもある。）応用存在論とは、存在論の道具立てを用いて、汎用的な分類体系を構築しようとする知識工学や情報科学の一分野を指すことが多い。

ユイ　存在論が工学や情報科学と結びつくなんて意外だわ。存在論は、哲学の中でも最も浮世離れした分野だと思っていたから。

ミノル　存在論は案外と世の中の役に立っているのかな。

　世の中の「役に立つ」ということが、学問の価値を決める基準であるかどうかは分からない。むしろ個人的には、そうした考えはやや短絡的だと思っている。だがそれさておき、存在論が実際に様々な分野に応用されていることは事実である。僕自身もオントロジーの学際的な研究会に参加したことがあるが、そこでは工学者や情報科学者たちが哲学者たちと真剣に議論を行うという「奇妙」な光景に出くわした。

　この分野における日本の第一人者である溝口理一郎は存在論（オントロジー）を次のように定義している。

> 対象とする世界の情報処理的モデルを構築する人が、その世界をどのように「眺めたか」、言い換えるとその世界には「何が存在している」と見なしてモデルを構築したかを（共有を指向して）明示的にしたものであり、その結果得られた基本概念や概念間の関係を土台にしてモデルを記述することができるようなもの。[9]

---

[9]　溝口理一郎『オントロジー工学』、オーム社、2005年、9頁

応用存在論は、基本的には何らかのタスク（任務）が遂行される領域に固有の領域的存在論である。それは、当該の領域に存在する（と見なされる）もののカテゴリーを枚挙し、それらのあいだの基本的な関係を記述する。応用存在論者はこれらのカテゴリーを「概念」と呼ぶ。強調すべきは、応用存在論者にとってはタスクの遂行が最優先事項であり、あくまでもそのタスクに応じて「何が存在するのか」が取り決められるということである。やや乱暴に言えば、応用存在論は特定の世界についての実用主義的な「概念化」に関する理論である。

これを理解するために、溝口自身が著書『オントロジー工学』の冒頭で挙げている例をいくぶん簡素化して紹介しておこう。

図2　ブロック世界（溝口前掲書、4頁）

この図2が表象する「ブロック世界」におけるタスクとは、ある配置にあるブロックを、ロボットハンドを使って、ゴール状態のように並び替える作業である。このタスクを遂行するためには、少なくとも次のような「概念化」が必要となる（表1）。

表1　ブロック世界の概念化

オブジェクト	関係
ブロック a	on (x, y)
ブロック b	above (x, y)
ブロック c	clear (x)
テーブル a	holding (x)
ハンド a	hand Empty

このブロック世界に存在するものの概念（われわれの言い方では「カテゴリー」）

は大きく二つに区分される。すなわち「オブジェクト」と「関係」である。「オブジェクト」に属するものは、個別的なブロックa、ブロックb、ブロックc、テーブルaおよびハンドaである。他方、「関係」に属するものは、on (x, y)、above (x, y)、clear (x)、holding (x) などである。むろんこれが唯一の概念化というわけではない。(たとえば、操作の対象ではないテーブルaを無視して、onTable (x) という概念化を行うことができる。) あくまでここで重要となるのは、「タスクの効率的な遂行にとって、何が存在していると考えるのが適切なのか」という問題意識である。この問題意識に従えば、たとえ個々のブロックに色がついていたとしても、そうした色はタスクの遂行にとって必要がないので概念化される必要はない。(ゆえにそうした色はブロック世界には存在しない。)

このような概念化にもとづく存在論(オントロジー)を図示すると次のようになる。

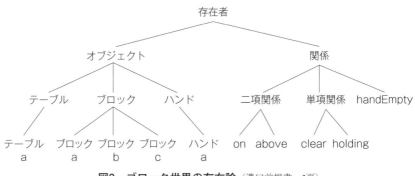

図3　ブロック世界の存在論 (溝口前掲書、5頁)

ここでの存在論とは、ある特定の概念化から得られた概念(カテゴリー)のあいだの**従属関係**(is_a relation)、および概念と実例(インスタンス)とのあいだの**例化関係**(instance_of relation)を組織化したものとして理解される。従属関係とは概念間の上位下位関係である。たとえば、この存在論における「オブジェクト」の下位概念は、「テーブル」、「ブロック」、「ハンド」である。例化関係とは、概念とその下に属する個体との関係を指す。たとえば、特定のブロックaやブロックbは「ブロック」という概念を例化する。言い換えれば、それらは「ブロック」という概念の具体例である。われわれは第三講義の中で、これらの関係を形式的存在論の観点からやや詳しく検討することにしたい。

ところで応用存在論者は、この講義でわれわれが主題とするような存在論を「**哲学的存在論**」（*philosophical* ontology）と呼ぶ。このネーミングは大変興味深い。ふつうに考えれば、哲学の一分野である存在論に「哲学的」という限定詞を付けることは冗長であるように思われるが、もはやそうした時代ではなくなってきているのである。われわれは存在論が哲学者たちの専売特許ではなくなりつつあることを自覚しなければならない。

ユイ　ここまでを整理すれば、応用存在論はある特定の領域に特化した「領域的存在論」であり、しかもタスクの遂行を最大の目的とする実用主義的な存在論だということになるけれど、そういう理解でいいのかしら？

　基本的にはそうした理解で構わない。しかしながら、応用存在論が「哲学的存在論」の形式的な側面をもたないと断定するのは誤りだろう。実のところ、応用存在論には「**上位オントロジー**」（upper ontology）と呼ばれる一般体系を構築するという課題もある。これはわれわれの言う「形式的存在論」にほぼ正確に対応している。溝口の言葉をもう一度だけ借りておこう。

　　　　上位オントロジーは哲学でいう存在論に近い概念である。〔……〕大切なことは、哲学との厳密な差別化ではなく、哲学者の「姿勢」を学ぶことである。すなわち、従来の表層的な理解にもとづく知識処理ではなく、「対象世界を形づくる根元的な概念体系の考察から始める」という姿勢である（溝口前掲書、8頁）。

　この言葉が正しいとすれば、応用存在論と哲学的存在論との差は案外と小さいということになる。現在、様々な上位オントロジーが提案されているが、それらはまさに哲学で言われる形式的存在論そのものである。ここでは"BFO"（Basic Formal Ontology）と呼ばれる体系の例を挙げておこう（図4）。
　ただし、（溝口流に解された）応用存在論は「**われわれがどう世界を眺めるのか**」、つまり世界を眺める側の「概念化」に主眼が置かれるのに対し、哲学的存在論はあくまでも「**世界がどうあるのか**」という問題意識をもつ。ここに大きな態度の違いが見られることはたしかである。にもかかわらず、双方における最上位のカテゴリー体系（概念体系）がさほど変わらないというのは興味深い。また、哲学的存在論が応用存在論を特徴づける「実用主義」とまったく無縁であるかと

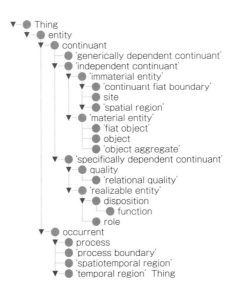

図4　BFO2.0（http://ontology.buffalo.edu/bfo/BFO2.png を元に作成）

言えば、そうではない。哲学的存在論の議論において、「ある哲学的問題を解決するために、あるいはある事実を説明するために、かくかくしかじかの存在者を認めることは有用である」という論法は頻繁に用いられる。そうした論法の中には、「実用主義的」とまでは言い切れないが、ある種の「実践的」な動機が確実に見出される。そうした実践的動機を「理論とはまったく無関係なもの」として一掃してしまうことは困難であろう。

Box 1　表象的人工物としての存在論──存在論の可能な定義

「存在論という学問の定義もしないまま議論をはじめるつもりか」と訝しく思っている人たちに対して、次のように応答しておこう。「哲学とはそのような学問である」と。論じようとする事柄についての厳密な定義をあらかじめ手に入れているならば、わざわざその事柄を探求する必要はない。（権威に頼るつもりはないが、過去の偉大な哲学者たちも似たようなことを述べている。）だがそうは言っても、「見取り図」程度の定義はあってしかるべきではないか。そう食い下がる人たちのために、現在の僕にとって最もしっくりくる定義を以下で示しておこう。

存在論とは、実在の構造を体系的に表象することを目的とする人工物である。
　　　実在の構造は、主に諸カテゴリーの階層およびカテゴリー間の関係を記述すると
　　　いう仕方で表象される。

　この定義は、スミス（B. Smith）らの定義を僕なりにアレンジしたものである*1。
むろん完全な定義とは言い難いが、存在論の核心部分をうまく捉えることに成功
している。その核心部分とは、存在論が表象的人工物（representational artifact）だ
という点にある。「表象」とは、自分以外の何かを表す存在者である。観念、イメー
ジ、ターム、ダイヤグラム、地図などはすべて表象である。存在論もそうした表象
の一つであると考えられる。「人工物」とは、何らかの目的のために人間によって
意図的に設計され、作られたものを意味する。もちろんすべての人工物が何かを表
象するわけではない（たとえば、ハンマーや椅子など）。だが人工物の中には、何
かを表象するために作り出されたものがある。それが表象的人工物である。それで
は存在論は何を表象するのか。それは実在（reality）の構造である。（ここに応用
存在論との違いを見てとることもできよう。多くの応用存在論者にとって、存在論
は、実在についてのわれわれの概念（concepts）あるいは概念化（conceptualization）
を表象する人工物である。溝口もその例外ではない。）

　実在の構造はどのような仕方で表象されるのか。それはカテゴリーの体系を記述
するという仕方で表象される。「カテゴリー」とは、すでに述べたように、存在す
るものが属する種ないし類を指す。したがってこの定義は、存在論の第一の問いを
「何が存在するのか」と捉えることと整合的である。なぜなら「何が存在するのか」
という問いは、結局のところ、「どのカテゴリーを認めるのか」という問いに帰着
するからである。また、存在論は存在するものの（あるいはカテゴリーの）たんな
るカタログを表象することだけを目的とするわけではない。むしろ重要であるの
は、それらのあいだ区別や相互の結びつきを適切に示すことである。

＊1　R. Arp, B. Smith, A. D. Spear, *Building Ontologies with Basic Formal Ontology*, The MIT Press, 2015.

2.3　形式的存在論と形式化された存在論

　三つ目の区分、すなわち（c）形式的／形式化された存在論の区分を解説しよ
う。「形式的存在論」は、先に述べたように、特定の領域に依らない、領域中立
的な存在論を指す。しかしながら、現代の存在論者の中には「形式的存在論」を
それとは別の意味で解する者もいる。そうした存在論者の代表格であるコッキャ
レラ（N. B. Cocchiarella）によれば、形式的存在論とは「数理論理学の形式的方法
が、存在論についての直観的・哲学的諸分析および諸原理と結びつけられたディ

シプリン」である^[10]。この考え方に従えば、形式的存在論は、非形式的な仕方で記述されてきた存在論を、現代の記号論理学の道具立てを用いて形式的に書き直したものだということになる。つまり、ここでの「形式的」は「**形式的−論理学的**」（formal-logical）という意味で理解されている。

　この講義では、「形式的存在論」における「形式的」は前述の意味で、言い換えれば「**形式的−存在論的**」（formal-ontological）という意味で理解される。一般的にフッサール（E. Husserl）の流れを汲む形式的存在論においては、「形式的−存在論的」と「形式的−論理学的」は互いに区別される概念である。フッサールは、「形式的−存在論的」概念が一般対象領域に関わるのに対し、あくまで「形式的−論理学的」概念は意味（意義）の領域（理念的な領域）に関わると考えていた^[11]。

　こうした事情に鑑みれば、コッキャラレラ型の「形式的存在論」（形式論理学を用いて「非形式的」な存在論を記述し直したもの）を「**形式化された存在論**」（formalized ontology）と呼び、われわれの「形式的存在論」から区別するのが適当だと思われる^[12]。

　しかしながら、今日フッサール的な意味での形式的存在論でさえも、その一部はしばしば論理式によって「形式的」に記述される。また現代の形式的存在論におけるカテゴリー区分は、特定の論理体系の構文論的（文法的）区分と密接に関係していることも否定しがたい。さらに言えば、前節で言及した存在論の「応用」が可能になったのも、こうした存在論の「形式化」に依るところが大きい。（応用存在論はコンピュータにも理解できる言語で記述される必要がある。）ゆえに現代存在論は、形式的存在論と形式化された存在論という二つの側面をもつと言った方が正確であろう。

---

[10]　N. B. Cocchiarella, *Formal Ontology and Conceptual Realism,* Springer, 2007: xiii.
[11]　フッサールに従えば、「対象」、「性質」、「関係」、「部分」、「全体」などは「形式的−存在論的」な概念であるのに対し、「帰結」、「否定」、「選言」、「妥当性」、「完全性」、「モデル」などは「形式的−論理学的」概念であることになる。ただしフッサール自身は形式存在論と形式論理学（命題論）とのあいだにはある種の相関関係があると考えていた。これについては、岡田光弘「フッサールのフォーマルオントロジーとその影響」、『人工知能学会誌』17巻3号、2002年、335–344頁、および倉田剛「現代オントロジーの再検討」、『現象学年報』23、2007年、49–59頁を参照。
[12]　形式的存在論に関するフッサール的見解への共鳴は、現代の存在論者たちのあいだにも数多く見出すことができる。現代イギリスの存在論者ロウ（E. J. Lowe）にとって形式的存在論とは、たんに形式論理学のフォーマル・システムを存在論の諸問題に適用したものではない。それは、あくまで「存在論的形式」（ontological form）の探究であり、「論理形式」（logical form）を探求する形式論理学とは区別される。cf., E. J. Lowe, *The Possibility of Metaphysics: Substance, Identity, and Time,* Oxford University Press, 1999.

こうした事情により、現代存在論の十全な理解のためには、記号論理学（とりわけ一階述語論理）に関する知識が少しばかり要求される。

ミノル　「少しばかり」って言うけれど、どの程度の知識のことを指しているの？論理学って、記号がたくさん出てきて嫌なイメージがあるんだけど……。

まったく恐れる必要はない。この講義で使う論理学の知識などたかが知れている。それは述語論理の「初歩の初歩」である。本格的な議論が始まる前に、次節で簡単にそれを確認しておこう。もちろん論理学をすでに学んだことのある人はスキップして 2.5 節に向かってもらって構わない。

2.4　存在論の道具としての論理学

最初に、論理学（数学）のみならず、哲学においても「ザ・スタンダード」と見なされる一階述語論理の基本的な語彙を確認しておこう。

---

① 項：　　　個体定項　$a, b,..$
　　　　　　個体変項　$x, y,..$
② 述語記号：単項述語記号　$F, G,..$
　　　　　　二項述語記号　$L, K,..$
③ 論理定項：結合子　$\neg, \&, \vee, \rightarrow$
　　　　　　量化子　$\forall, \exists$

＊これらに加えて、$P, Q,..$ を命題記号として用いる。

本来ならば、続いて構文論的規則を導入し、論理式の定義を行うところであるが、これはインフォーマルな解説なので厳密な定義等は割愛する。まず①の項（ターム）には**個体定項**（"a" や "b"）と**個体変項**（"x" や "y"）が含まれる。個体定項はわれわれの自然言語における**名前**（name）に相当する。「ユイ」や「富士山」や「九州大学」などは、ただ一つの対象を指示する名前であるから "a" や "b" といった個体定項で翻訳することができる。他方、"x" や "y" といった個体変項には特定の対象を指示する機能はない。自然言語で説明するのは難しいが、「何らかのもの」「あるもの」に相当すると考えてほしい。（数学の授業では「変数」と呼ばれるが、哲学では数以外の値をとることも多いので「変項」と呼ばれる。）

次に、②の**述語記号**（"F" や "L"）は、「～は白い」や「～は……の上にある」といった**述語**に相当する。前者は空所を一つだけもつ「**単項述語**」であるのに対し、後者は空所を二つもつ「**二項述語**」である。単項述語記号の後に一つの項をくっつけることによって、また、二項述語記号の後に二つの項をくっつけることによって論理式ができあがる。たとえば「ユイは学生である」という日本語の文を論理式に翻訳するとどうなるだろう。

ミノル　「ユイ」は名前だから"a"、「は学生である」は単項述語だから"F"。名前を述語記号の後につけるわけだから、全体としては"Fa"という論理式になる。

　その通り。自然言語とは異なり、名前は述語の後に位置することに注意してほしい。同様に、二項述語記号を使えば、「ユイはミノルよりも背が高い」といった文を翻訳することができる。

ユイ　「ユイ」という名前を"a"、「ミノル」という名前を"b"、「～は……よりも背が高い」という二項述語を"L"とすれば、全体としては"Lab"となるわけね。

　その調子だ。もちろん述語記号の後に個体変項をくっつけて"Fx"や"Lxy"という論理式を作ることもできる。これらはそれぞれ「x は F である」、「x は y に対して L という関係に立つ」と読む。"x" や "y" は無理に日本語にしないほうが分かりやすいかもしれない。

　次に③の論理定項に区分される**結合子**について簡単に説明しておこう。結合子は、否定（¬）を除けば、二つの論理式を繋ぐ役割を果たす。以下で、それらの使い方の例と読み方を示しておこう。

- 否定　¬　（例）¬Fa（読み方：「a は F ではない」）
- 連言　&　（例）Fa & Ga（読み方：「a は F であり、かつ a は G である」）
- 選言　∨　（例）$Fx \lor Gx$（読み方：「x は F であるか、または x は G である」）
- 条件法　→　（例）$Lab \rightarrow Lba$（読み方：「a は b に対して L の関係に立つならば、b は a に対して L の関係に立つ」）

　最後に、現代存在論にとって極めて重要な概念である**量化子**について解説しておこう。"∀"は「**全称量化子**」、"∃"は「**存在量化子**」と呼ばれる。見慣れな

い記号であるかもしれないが、「∀」は「All」の頭文字「A」をひっくり返した記号、「∃」は「Exist」の「E」を反転させた記号だと覚えておこう。全称量化子は"∀x(‥x‥)"というかたちで現われ、「すべての x について、x は……」と読まれる。これは「すべてのものは……である」という全称文をやや勿体ぶって記したものにすぎない。同様に、存在量化子は"∃x(‥x‥)"というかたちで現われ、「何らかの x が少なくとも一つ存在し、x は……」と読まれる。これも「……であるものが存在する（ある）」という存在文を少しお堅いかたちで書いたものだ。

　これらの量化子に関しても、具体例を通じて習得するのが一番の早道である。次の日本語の文を、量化子を使って論理式に翻訳してみよう。

(練習問題)
（1）すべてのものは質量をもつ。（「（は）質量をもつ」を "M" とする。）
（2）質量をもたないものが存在する。
（3）イヌは動物である。（「（は）イヌである」を "D"、「（は）動物である」を "A" とする。）
（4）日本語を話すネコがいる。（「（は）日本語を話す」を "J"、「（は）ネコである」を "C" とする。）

ミノル　（1）は全称文だよね。これを少しカッコよく書けば「すべての x について、x は質量をもつ」となる。だから全称量化子 "∀" と述語記号 "M"（「（は）質量をもつ」）を使って翻訳すると次のようになる。

　(1^*)　$\forall x Mx$（すべての x について、x は M である）

ユイ　（2）の存在文は「何らかの x が少なくとも一つ存在して、その x は質量をもたない」となる。存在量化子 "∃" と否定の結合子 "¬" を使ってこれを翻訳すればいいのね。

　(2^*)　$\exists x \neg Mx$（ある x が存在し、x は M ではない）

ユイ　（3）「イヌは動物である」では「イヌ」という一般名辞が主語になっているので「すべてのイヌは動物である」という全称文として捉えればいいのね。こ

うした全称文は条件構造をもつから、「すべての x について、x はイヌであれば、x は動物である」とすればいい。全称量化子"∀"と条件法の結合子"→"を使って次のように翻訳できるわ。

（3*）∀x(Dx → Ax)（すべての x について、x は D であれば、x は A である）

ミノル 最後の（4）「日本語を話すネコがいる」という存在文は「日本語を話し、かつネコであるような x が存在する」と同じ意味だね。だから存在量化子"∃"と連言の結合子"&"を用いる。

（4*）∃x(Jx & Cx)（ある x が存在し、x は J であり、かつ x は C である）

大変よくできました。ところで（2）「質量をもたないものが存在する」は、（1）「すべてのものは質量をもつ」の否定になっていることに気がついたかな。実際、（2*）と次の（2**）は同じ意味をもつ。

（2**）¬∀xMx（すべての x について、x は M であるわけではない）

ミノル ん？　よく意味が分からないんだけど。

ユイ 「すべてのものは質量をもつ」は"∀xMx"と翻訳されたでしょ。それを否定するってことは、「すべてのものが質量をもつとは限らない」（"¬∀xMx"）と主張することよね。これは「質量をもたないものが存在する」（"∃x¬Mx"）と同じ意味になるわ。

ミノル あっ、そうか。ある宗教家が「すべての人生はむなしい」と説いてきて、僕がそれを否定するとき、僕は「むなしくない人生も存在する！」ってことを主張している。

この書き換えは「ド・モルガンの法則」と呼ばれる。ここでのド・モルガンの法則は、「全称文の否定」と「否定を含む存在文」が論理的に同じ意味であることを示すものだ。論理的に同じ意味であることを「**同値**」（equivalent）であると言う。この同値関係は双方向の矢印"↔"で記号化される。

■ド・モルガンの法則1
　$\neg \forall x Fx \leftrightarrow \exists x \neg Fx$（「すべてのものが$F$であるわけではない」と「$F$でないものが存在する」は同値である）

　ド・モルガンの法則は、「存在文の否定」と「否定を含む全称文」とのあいだにも成り立つ。たとえば、「むなしい人生は存在しない」は「すべての人生はむなしくない」と同値である。

■ド・モルガンの法則2
　$\neg \exists x Fx \leftrightarrow \forall x \neg Fx$（「$F$であるものは存在しない」と「すべてのものは$F$でない」は同値である）

　日本語で書くとややこしいが、論理式にするとスッキリするものもある。ド・モルガンの法則はその一例だろう。注意したいのは「すべてのものがFであるわけではない」（"$\neg \forall x Fx$"）と「すべてのものはFでない」（"$\forall x \neg Fx$"）との違いである。（"$\neg$"の位置が異なる。）「すべてのものはFである」（"$\forall x Fx$"）の「否定」と呼ばれるのは前者だけであり、後者はその否定の一部（「反対」と呼ばれる）を表現するにすぎない。通常、「すべての哲学者は変人だ」という発言を否定する者は、「すべての哲学者が変人であるわけではない」ことを主張しているのであって、「すべての哲学者は変人でない」という極端なことを主張しているのではない。
　ちなみにド・モルガンの法則の中で出てきた同値関係（↔）は次のように定義される。（"P"と"Q"を任意の論理式とする。）

■同値の定義
　$P \leftrightarrow Q =_{\text{def}} (P \rightarrow Q) \& (Q \rightarrow P)$

　「PとQが同値である」というのは、「PならばQ」とその逆「QならばP」がともに成り立つということに他ならない。つまり同値記号"↔"は、最初に導入した条件法の結合子"→"と連言の結合子"&"を使って表現することができる。なお、条件法および同値関係に関する補足的な解説はBox 2で行うことにする。
　なぜここで一階述語論理の基本を確認したのかをあらためて述べておく。第一に、現代存在論は、程度の差こそあれ、しばしば論理的言語を用いて「形式化」

される。この「形式化」(明晰化の作業)は、われわれの「形式的存在論」にとって必ずしも本質的ではないが、それでも現代存在論に顕著な特徴であることに変わりはない。多くの記号が登場することにウンザリしてしまう人いるだろう。実は僕自身もそうした人間の一人だ。(本音を言えば、記号が出てこないと満足しないファナティックな人たちにはあまり共感しない。)とはいえ、論理式が出てきた途端に話をすべてシャットアウトしてしまうのも、もったいない気がする。なぜならわずかな忍耐で得られるものはとても大きいからである。

　第二の、より重要な理由は、一階述語論理は、良くも悪くも、多くの現代存在論者たちの思考と方法に深く浸透しているからである。実際、彼らにとって一階述語論理は、世界を適切に記述するための極めて有用な道具立てである。だが同時に、それは捨て去ることの難しい足かせともなっている。われわれはこの講義全体を通して、一階述語論理の「功罪」に触れるつもりである。「光」があるところに「影」はつきものである。一階述語論理の貢献についてと同様、その呪縛についても正当な評価をしなければならない。

Box 2　同値、分析あるいは存在論的説明について

　「P と Q は同値である」とは、「P ならば Q」とその逆「Q ならば P」がともに成り立つことに他ならない。(高校で習った概念を使って)「Q は P が成り立つための**必要条件であり**」かつ「Q は P が成り立つための**十分条件でもある**」と言い換えることもできる。

　「逆」、「必要条件」、「十分条件」といった言葉の登場に頭を悩ませている人は少なくないだろう。「習ったとは思うけれど、もうとっくに忘れてるよ」と。この機会にざっと復習しておこう。

　たとえば条件文「ヨウコが日本のパスポートをもつならば、ヨウコは日本人である」の逆は、「ヨウコが日本人であるならば、ヨウコは日本のパスポートをもつ」である。「逆は必ずしも真ならず」と言われるように、「P ならば Q」が成り立つからといって、その逆である「Q ならば P」が成り立つとは限らない。この例で言えば、最初の条件文が真だとしても、その逆である二番目の条件文は偽であろう。たとえヨウコが日本人であっても、一度も海外に渡航したことがなく、パスポートをもっていない可能性もあるからだ。

　「必要／十分条件」という言葉を用いると、「ヨウコが日本人である」ことは、「ヨウコは日本のパスポートをもつ」ことの必要条件であるけれど、十分条件ではない。これに対し、「ヨウコが日本のパスポートをもつ」ことは、「ヨウコは日本人

である」ことの十分条件である。というのも、誰かが、日本のパスポートをもつという条件を満たすことは、その人が、日本人であるという条件を満たすためには十分だからである。

したがって「ヨウコは日本のパスポートをもつ」と「ヨウコは日本人である」は同値ではないということになる。考えてみれば当たり前のことだろう。これに対し、「ヨウコは日本国籍をもつ」と「ヨウコは日本人である」は同値であると言ってもよい。一方は他方が成り立つための必要かつ十分な条件になっているからである。つまり、前者が成り立てば後者も成り立ち、かつ後者が成り立てば前者も成り立つ。

少々くどい解説をしたが、同値（↔）は**必要十分条件**（necessary and sufficient condition）を表すことが分かってもらえたと思う。しかしここで注意しておきたいことがある。この講義全体を通して現れる**定義**（definition）や**分析**（analysis）ないし**存在論的説明**（ontological explanation）もまた必要十分条件を与える作業である。だが、それらが同値記号"↔"によって表現されることは稀である。それはなぜか。その理由は、定義項（定義するもの）／被定義項（定義されるもの）、分析項／被分析項、説明項／被説明項といった対は完全に対称的であるわけではないからである。（たとえば、ある概念はそれよりも基本的な概念によって定義される。ある事実は、それよりも基本的な事実によって説明される、など。）ここには「基本的なもの／派生的なもの」という非対称性がある。一例を挙げれば、「祖父」という概念は、「親」と「男」という概念によって定義（分析）される。「x は y の祖父である ⇔ ある z が存在し、(x は z の親である & z は y の親である & x は男である)」というように。もちろん"⇔"の左辺が成り立てば、右辺も成り立ち、その逆も真である。この意味において、左辺と右辺は同値である。しかし定義（分析）されるのはあくまで左辺に現れる概念「祖父」であり、右辺に現れる「親」や「男」ではない。こうした意味における必要十分条件を、この講義では、"↔"ではなく、"⇔"や"$=_{\text{def}}$"といった記号で表すことにした。（"$=_{\text{def}}$"は用語の取り決め等を表すために用いられることが多い。）やや難しい言い回しをすると、ここでの"⇔"は、論理的言語の"→"（実質含意）によって定義されるものではなく、あくまで「メタ言語」に属する。ただし、あまり細かく区分すると煩くなるので、こうした必要十分条件（"⇔"）は「たんなる同値ではない」あるいは「方向をもつ同値である」というぐらいの意味で理解してほしい。なお「存在論的説明ないし分析」については、再び第四講義の1.2節で触れることにする。

最後に、条件法における「逆」が解説されたついでに、もう一点だけ補足しておきたい。それは**対偶**についてである。「P ならば Q」が真であっても、その逆「Q ならば P」は真であるとは限らないのに対し、その対偶「Q でないならば、P でない」はつねに真である。すなわち、ある条件文とその対偶は同値である

$((P \to Q) \leftrightarrow (\neg Q \to \neg P))$)。対偶はこれからの講義の中でも使われるのでぜひ覚えておいてほしい。

2.5 存在論とメタ存在論

最後に（d）「存在論／メタ存在論」の区分に短く触れておこう。すでに述べたように、存在論とは「何が存在するのか」という問いを探求する。これに対し、**メタ存在論**（metaontology）とは、ヴァン・インワーゲン（P. van Inwagen）の言葉を借りれば、「『何が存在するのか』と問うとき、われわれはいったい何を問うているのか」（What are we asking when we ask 'What is there?'?）を考察する分野である。[13]別様に言えば、メタ存在論は「何が存在するのか」という問いに直接的に答えるものではなく、むしろ存在論的問いそのものについての理論的反省である。一般的に、存在論の「方法」に関する考察はすべてメタ存在論に属すると言ってよい。

なるほど「メタ存在論」とは大仰な用語である。すべての哲学的探究は、つねに「哲学とは何か」、「哲学的方法とは何か」といったメタレベルの問いを含む。これは他の学問にはあまり見られない哲学特有の「自己言及的」特徴でもある。存在論がそうした哲学的探求の一つである限り、わざわざ「メタ存在論」なる言葉をこしらえる必要はないと考える人もいるだろう。また、もし「メタ存在論」を認めるとすれば、それに関する探究は「メタメタ存在論」と呼ばなければならないのかと醒めた見方をする人もいるかもしれない。（実際にこの業界では「メタ形而上学」、つまり「メタメタフィジックス」（metametaphysics）という用語が徐々に浸透しつつある！）しかしながら、たとえ「メタ存在論」という語自体が不要であるとしても、存在論が扱う諸問題の階層を区分するというアイディア自体は維持されてしかるべきであろう。[14]

「現代存在論」は、「何が存在するのか」を問う狭義の存在論と、「『何が存在するのか』を問うとは、そもそもどのようなことなのか」を問うメタ存在論という二つの柱から成る。通常の議論では両者は渾然一体となっており、それらの明確な線引きをすることは難しい。だが、両者の階層の違いを理解することは、この講義全体をより良く理解するうえで大きな助けとなるはずである。さっそくわれわれは次の第二講義においてメタ存在論の代表的なトピックスを検討することに

---

[13] P. van Inwagen, "Meta-ontology", in *Ontology, Identity, and Modality*, Cambridge University Press, 2002: 13. (First published in *Erkenntnis* 48, 1998.)

[14] D. Chalmers, D. Manley, R. Wasserman (eds.), *Metametaphysics: New Essays on the Foundations of Ontology*, Clarendon Press, 2009.

したい。

> **まとめ**
>
> - 存在論の第一の問いは「何が存在するのか」という問いである。存在論者はこれを「どのようなカテゴリーに属するものが存在するのか」という問いとして理解する。よく議論される代表的なカテゴリーとしては、「物」、「性質」（関係）、「プロセス」、「種」などが挙げられる。
>
> - 存在論者は物の「部分」や「集まり」の存在にも関心をもつ。また、可能世界を含む「可能的対象」や小説のキャラクターといった「虚構的対象」の存在についてもしばしば議論がなされる。
>
> - 探求するカテゴリーのレベルの違いに応じて、存在論を「領域的存在論」と「形式的存在論」とに区分することができる。前者はある特定の学問領域に固有のカテゴリーを扱うのに対し、後者は領域中立的な一般的カテゴリーを扱う。
>
> - 今日、存在論は知識工学や情報科学によって盛んに応用されている。応用する側の存在論は「応用存在論」ないし「オントロジー」と呼ばれ、応用される側の存在論は「哲学的存在論」と呼ばれる。応用存在論はたんなる実用主義的学問ではなく、「上位オントロジー」という一般体系の構築を目指している。その限りにおいて、両者の違いは見かけほど大きくはない。
>
> - 記号論理学の道具立てを用いて記述された存在論は「形式化された存在論」と呼ばれる。現代存在論は、本来的な意味での形式的存在論（領域中立的な存在論）と形式化された存在論という二つの側面をもつ。
>
> - 記号論理学は、存在論を明晰に記述する道具であると同時に、現代の存在論者たちの思考様式に深く浸透している概念装置でもある。ゆえに現代存在論を十全に理解するためには、一階述語論理に関する初歩的な知識が欠かせない。
>
> - 「何が存在するのか」を問う（狭義の）存在論から、「『何が存在するのか』を問うとはいかなることか」を問うメタ存在論を区別することができる。メ

タ存在論は、存在論そのものについての理論的考察であり、現代存在論の柱の一つと見なされる。

第二講義
方法論あるいはメタ存在論について

　この第二講義では、現代存在論の方法についての基本的な考察を行う。この考察は、存在論それ自体についての理論的反省であり、ゆえにメタ存在論的な性格をもつ。まずわれわれはクワインによる**存在論的コミットメント**の基準およびそれに付随する諸問題を論じ、次に、クワインの方法が前提する**理論選択**の骨子を、「理論的美徳」と呼ばれるいくつかの評価基準に焦点を当てつつ検討する。

　現代の存在論的探求の多くはクワイン的方法に沿ってなされてきたが、近年、この「標準的見解」への疑問が少なからず提出されている。われわれは講義の最後で、非クワイン的メタ存在論を代表する三つの立場、すなわち**虚構主義**、**マイノング主義**、**新カルナップ主義**を取り上げ、そうした疑問が標準的見解のどの側面に向けられているのかを考えることにしたい。

1　存在論的コミットメントとその周辺

1.1　世界についての語りと思考

ユイ　存在論という学問が、「世界には何が存在するのか」という問いに答えようとする試みであることは何となく分かったけれど、どういう方針に従ってこうした試みを遂行すればいいのかな。つまり「方法」と呼べるような原理とか原則はあるのかしら？

　つい先日、僕はある学会で、存在論のリヴァイヴァルに懐疑的な先生たちから同じような質問を受けたばかりだ。「現代存在論」と言うけれど、「何が存在するのか」について各々が好き勝手な主張をしているだけでしょ、と。近代哲学が乗り越えたはずの「悪しき形而上学」の亡霊が再びさまよいはじめたと言わんばかりである。現代存在論が、伝統的な形而上学の問いに、ある意味で愚直に向

き合う分野であることはたしかだ。(それが現代存在論の魅力の一つでもある。) だが、われわれが自らの「方法」にまったく無自覚であるかと言えば、そうではない。それどころか、存在論的探求の全体のうちに占める**メタ存在論**（存在論の方法についての理論的考察）の割合はしだいに大きくなりつつある。だから少なくとも、現代存在論には何の方法論的反省もないという批判は当たっていない。しかしこのことは、現代存在論には一・つ・の決められた方法があることを意味するわけではない。つまり、それに従えば自動的に「正しい存在論」が得られるという便利な手続きの存在は保証されていない。むしろ、互いに相容れない複数の方法（あるいは基準）が競い合っていると述べた方が実情に近いだろう。

とはいえ、現代存在論の方法に関する「スタンダードな見解」はある。その見解によれば、存在論的探求の出発点は「世界に関するわれわれの語・り・と思・考・」に求められる。そうした語りや思考から出発し、それらがどのような存在者を前提しているのか、——哲学者たちにお馴染みのジャーゴンを使えば、どのような対象の存在にコ・ミ・ッ・ト・しているのか——を記述すること、これが広く受け入れられている現代存在論の方法である。

まずは簡単な例を使って「世界についての語りと思考」から出発することの意味を考えてみたい。当たり前ではあるが、日々われわれは言葉を用いて世界（の一部）を記述している。たとえば、僕は「ユイさんは座っている」と述べることで、この教室世界の一部を記述している。この発言が正しい発言であるためには、世界には何が存在していなければならないのか。少なくとも「ユイ」という名前で指示されている対象が存在している必要があろう。したがって、僕の発言を真だと認める人は誰でも、ユイさんの存在も認めるはずである。

これを一般化すると次のようになる。

　　(N)「a は F である」が真であるならば、a は存在する。

要するに "a" が名前（個体定項）として真なる文の中に現れているならば、a は存在するということだ。「世界についての語りと思考」から出発する存在論は、

---

[1] この傾向を如実に示しているのが、2015年に出版されたベルトとプレバーニによる概説書である（F. Berto & M. Plebani, *Ontology and Metaontology: A Contemporary Guide*, Bloomsbury, 2015.）。この書においてメタ存在論の占める比重は（狭義の）存在論のそれよりも大きい。また、同年に出版されたタフコの入門書（T. E. Tahko, *An Introduction to Metametaphysics*, Cambridge University Press, 2015.）は、「メタ形而上学」を主題にしたものであり、多くの頁を「メタ形而上学」の一部門としての「メタ存在論」に割いている。

名前を使って指示されるものは存在するという立場をとる。もちろん、(N) 自体に反論の余地がないわけではない。「ペガサスは翼をもつ馬である」からペガサスの存在を導くことに違和感を覚える人も多いだろう。だが、この場合にはそもそも「ペガサス」は名前ではない、あるいは「ペガサスは翼をもつ馬である」は端的に偽であるといった「逃げ道」がたくさん提案されてきた。(これらに関しては主に II 巻の第四講義で論じる。) さしあたり、われわれはこうした特異なケースを無視して (N) の妥当性を認めることにしたい。

　世界について語るための文は「a は F である」といった言語形式に限定されるわけではない。英語で言えば "Some Fs are Gs"、それを日本語にした「ある F は G である」もまた世界を記述するための重要な言語形式である。

ユイ　こなれてない日本語訳ね。受験勉強なら、「G である F が存在する」と訳しなさいって指導されるところね。

　興味深いことに、その「こなれた日本語訳」は一階述語論理における標準的な翻訳とよく似ている。なぜならば通常の論理学では、たとえば「ある白鳥は黒い」は「白鳥でありかつ黒いものが少なくとも一つ存在する」という存在文として理解されるからである。もう少し自然な日本語にすれば「黒い白鳥が存在する」となろう。

　さて、ここで「少なくとも一つ」という表現が出てくるが、この種の表現は「量化表現」と呼ばれる。他の重要な量化表現には「すべての」、「ただ一つの」、「ちょうど二つの」などがあるが、とにかくこうした量化表現によって数え上げられるものは存在するという共通了解が現代の存在論者たちのあいだに形成されている。簡潔に言えば「量化されるものは存在する」というのが暗黙の原理というわけだ。先ほどの例で言えば、「少なくとも一つ」と量化されているものは、黒い白鳥という個体（白鳥でありかつ黒い何か）に他ならないので、黒い白鳥は存在する。つまり、「白鳥でありかつ黒いものが少なくとも一つ存在する」という言明が真であるためには、黒い白鳥が存在していなければならない。

　これまでの例は当たり障りのないものだったので、以下ではやや論争的な例を見ておこう。新聞の経済欄に出てきそうな次の文 (T) を考えてみる。

　(T) 今年トヨタは少なくとも二つのプリウスを市場に投入する。

この (T) において「少なくとも二つ」と量化されているものとはいったい何だろう。

ユイ もちろんプリウスでしょ。

ミノル そうだけど、数え上げられているものは二台の自動車ではなさそうだね。だって、トヨタが新車を二台売り出すことが新聞の記事になるわけないから。

ミノル君の指摘は興味深い。ここで量化されているものは、道路を走行する鉄とガラスの塊としての自動車ではなさそうだ。そうではなく、むしろプリウスという車種が量化されていると解釈するのが自然である。こうした車種は哲学者が「種」あるいは「タイプ」と呼ぶものに他ならない。つまり、素朴に捉えれば、(T) が真であるためには、プリウスという車種が存在している必要がある。念のため、(T) を論理的な言語で部分的に翻訳してみよう。

(T^*) 何らかの x と y が存在し、(x はプリウスである) & (y はプリウスである) & (x は今年トヨタによって市場に投入される) & (y は今年トヨタによって市場に投入される) & (x と y は同一ではない)

蛇足かもしれないが若干の説明を加えておくと、最初に「何らかの x と y が存在し」と述べ、最後に「x と y は同一ではない」($x \neq y$) と締めくくることで、「少なくとも二つ」という量化を表現することができる。それはともかくとして、種 (タイプ) という抽象的対象の存在を認めたくない存在論者は、この分析に対して何らかの代替案を考える必要があろう。

ユイ 存在論の出発点が私たちの「世界についての語りと思考」だということは理解できたけど、いままで検討してきたのは日常会話や新聞記事に出てくるような言明でしょ。ということは、現代存在論というのは世界についての常識を超え出ることのない理論なのかしら?

必ずしもそうではない。「世界についての語りと思考」には、われわれの日常的な語りや信念だけでなく、世界についての様々な科学的言説も含まれる。こうした信念や言説をまとめて「理論」(theory) と呼ぶことにしよう。この用語を使

えば、現代存在論の第一の方法は、世界についての諸理論が前提する存在者たちをリストアップすることだと言えよう。

1.2 存在論的コミットメントの基準

もう一度確認しておこう。この第二講義の中でわれわれは現代存在論の方法について議論している。しかし、「何が存在するのか」という問いに答えるための一般的な方法などはたしてあるのか。この種の疑念に対して次のように応えることができる。もちろん存在論者はアゲハチョウの新種を見つけるべくインドネシアの山奥を調査するわけでもないし、ある素粒子の存在を確証するべく巨大な観測装置を使って実験を行うわけでもない。存在論者は、そうした経験的方法の代わりに、ある理論を構成する文から出発し、その文が真であるためには何が存在していなければならないのかを記述する。

いままで少々回りくどい仕方で論じてきた事柄はすべてクワイン（W. V. O. Quine）の「**存在論的コミットメント**」（ontological commitment）という概念にもとづくものであるか、またはそれを少々拡大解釈したものである。現代存在論の「標準的な方法」は、次のクワインの基準に多くを負っている。

■**存在論的コミットメントの基準**
　　存在するとは変項の値であることである。[2]

ユイ　何なのこれ？　ずいぶんと素っ気ない表現ね。

この基準に対して、「存在の深遠さを無視する浅はかな考えである。けしからん！」と怒りを覚える人もいるかもしれない。だが、それはさておき、この基準は先に述べてきたこと、すなわち「量化されるものは存在する」というテーゼを簡潔に言い表している。

ミノル　変項というのは x や y のことだよね。

---

[2]　とくにクワイン「何が存在するのかについて」(1948)（飯田隆訳『論理的観点から——論理と哲学をめぐる九章』、勁草書房、1992年、第 I 章）を参照。より正確には「束縛変項の値」と言われるべきだが、われわれの議論には束縛変項しか登場しない（つまり自由変項の出番はない）ので、たんに「変項」で構わない。

その通りである。たとえば、先ほどの「黒い白鳥が存在する」(「白鳥でありかつ黒い何かが少なくとも一つ存在する」)を、一階述語論理の言語で部分的に翻訳すると次のようになる。

　　(S) ∃x(xは白鳥である & xは黒い)

ミノル　"∃x(..x)"は「……であるxが少なくとも一つ存在する」と読むんだったね。だから全体としては、「白鳥でありかつ黒いxが少なくとも一つ存在する」と読める。

　その調子で行こう。当然、白鳥であるという条件と黒いという条件をともに満たす変項xの値は黒い白鳥(個体)である。(S)は、そうした個体を含む世界、すなわち黒い白鳥が少なくとも一羽存在する世界において真である。したがって(S)をその一部とする理論(おそらくは動物学の一分野)は、黒い白鳥の存在にコミットしている。

ユイ　なるほど。理論というのは、特定の領域における真なる文(命題)の集まりだと考えられるから、(S)をその一部としてもつ理論は、たしかに黒い白鳥の存在にコミットしていることになるわね。

　気象学という理論の一部を成すと思われる次の文(H)についてはどうだろうか。

　　(H) いくつかの台風は海水温の上昇に伴って巨大化している。

ユイ　同じ要領でいったん述語論理の言語に翻訳すればいいのよね。だとすれば次のようになると思うわ。

　　(H^*) ∃x(xは台風である & xは海水温の上昇に伴って巨大化している)

ミノル　この(H^*)に現れる変項xの値は個々の台風たちでしょ。だからこの文を含む理論(気象学)は台風の存在にコミットしている。でも、台風って何なんだろう?

一般的に、台風は物とは区別される「プロセス」だと考えられるが、物と同じように量化されるばかりか、「台風1号」、「台風2号」といった言い回しをよく耳にするように、しばしば名前によっても指示される。文字通りにとれば、気象学はこの種のプロセスの存在にコミットする理論であると言えよう。

もう一つだけ例を挙げておこう。次の文（M）はどんな対象の存在にコミットしているのか。

(M) $\exists x(x は 1 よりも大きい \& x は 2 よりも小さい)$

ミノル　「1よりも大きくてかつ2よりも小さいxが存在する」だから、ここでの変項xの値は明らかに数だよね。だって、具体的な物やプロセスについて「1よりも大きい」とか「2よりも小さい」とか言わないからね。だから（M）は数の存在にコミットしている。

クワインの基準が正しければ、ある算術の命題を（M）に翻訳した時点で、この結論は避け難いように見える。しかしもう少し細かく見てみよう。（M）はどのような数の存在にコミットしているのか。

ユイ　自然数や整数だけしか存在しないとすれば、（M）は偽よね。だって自然数にも整数にも1と2のあいだの数なんて含まれていないから。当たり前だけど、1の次には2が来るでしょ。だから少なくとも分数のかたちで表記される有理数が存在しなければ、（M）は真にならないわ。よって、（M）は有理数の存在にコミットしている。

（M）の真偽は、世界に何が存在するかに応じて決まる。自然数あるいは整数しか存在しない世界において（M）は偽であり、有理数を含む世界においてはじめて（M）は真となる。つまり（M）が真だと主張したければ、数の領域を少なくとも有理数にまで拡大しなければならない。

ユイ　これと同様に、「2乗して2になる数がある」（$\exists x(x^2=2)$）という文は無理数（$\sqrt{2}$）が存在する世界ではじめて真になる。だから、この文を真理の一部として含む理論は無理数の存在にコミットしているということね。

ミノル ふうー。何だか疲れるけど「存在するとは変項の値であることである」が少しずつ分かってきたような気がする。

　一点だけ補足しておこう。すでにわれわれは名前（個体定項）が指示する対象の存在を認めているので、存在論的コミットメントの基準を、「存在するとは、名前によって指示されるか、または変項の値であることである」と修正できるかもしれない。実際、現代の多くの論者たちは、「指示される」（referred to）ことと「存在する」こととのつながりを、量化と存在とのつながりと同様に、自明視しているように見える。しかし、この「修正版」はクワインの意に沿ったものではない。というのも、クワインは彼の論理学から名前（単称名辞）を完全に排除できると考えていたからである。また、この修正版は、存在概念が量化子によって一義的に表現されるというクワインの見解に反する恐れがある（Box 3 を参照）。とはいえ、多くの議論においてこの修正版が暗黙裡に前提されていることは否定しがたい。

　ともあれ、以上で解説したクワイン的方法は現代の「標準的メタ存在論」だと評される。[3]この方法の手続きを簡単な仕方でまとめると次のようになろう。

■**クワイン的なメタ存在論**
　①われわれが承認する理論を構成している文を標準的な論理式に翻訳せよ。
　②その翻訳から存在論的コミットメントを取り出せ。
　③その存在論的コミットメントを額面通りに受け入れよ。

　手続き①の「われわれが承認する理論」とは、クワインによれば「現在の最良の科学」（物理学など）である。これはクワインの標榜する「自然主義」からの帰

---

[3]　クワイン自身が当初から「標準的な方法」を確立しようと意図したわけではないだろう。むしろ実情から言えば、クワインは彼の唯名論的立場（「性質は存在しない」など）を擁護するために「コミットメントの基準」を定めたと捉える方が正確かもしれない。しかしそれ以降、クワインの方法は、彼の唯名論とは独立に、多くの哲学者たちによって用いられることになった。そうした状況の中で、クワインを現代存在論の「創始者」と見なすコンセンサスが確立していった。このコンセンサスはパトナム（H. Putnam）の次の言葉からも確認できる。「存在論が、分析哲学者にとって、探求に値する一つのれっきとしたテーマになったのはいつか、と問うてみよう。〔……〕答えは、1948年——そう、クワインが、あの有名な論文「何が存在するのかについて」を発表した年である。存在論を独力で分析哲学上の確たるテーマに仕立て上げたのは、誰あろうクワインだったのだ」（H. パトナム『存在論抜きの倫理』、関口浩喜・渡辺大地・岩沢宏和・入江さつき訳、法政大学出版局、2007年、95–96頁）。もっともパトナムはクワインを讃えてこのように述べているわけではない。ここで引用したのは「「存在論」に捧げる死亡記事」という章の中の一節である。

結である。しかし、さしあたり存在論的コミットメントの概念と自然主義とは切り離して考えることができる。①に現れる「翻訳」とは、量化構造を明示した文への書き換えを意味する。典型的に、それは"∃x(..x..)"というかたちをもつ文への書き換えを指す。②の手続きはいわば自動的になされる。つまり、量化構造をもつ文の変項の値となるものを取り出すだけである。③は、そうして取り出されたものが存在することを文字通りに受け入れなさいと述べる。

クワイン的メタ存在論についてよく指摘されるのは手続き①の難しさである。しばしば同一の文は複数の仕方で翻訳されうる。こうしたことが生じるのは、存在論者たちが、論理式への翻訳に先立ち、オリジナルの文を別の文にパラフレーズする（言い換える）という戦略を採るからである。多くのケースにおいて、この戦略は「望ましくない存在論的コミットメント」を回避するという目的をもつ。こうしたパラフレーズは、正統なクワイン的方法の一部であり、またこの方法に関する考察はクワイン以後のメタ存在論にとって重要な主題となっている。われわれは次節でパラフレーズの戦略とその問題点を短く検討することにしたい。

これと同様に指摘されるのは、③に対する疑問である。現代の「非クワイン的メタ存在論」の中には、①②から③へのステップを認めない立場もある。そうした立場は、われわれの承認する理論が対象 X にコミットすることを認めたとしても、X の存在を文字通りに信じる必要はないと説く。この主張については3.1節「虚構主義」で考えることにしたい。さらに、①から②へのステップを認めない立場、すなわち量化と存在論的コミットメントとを区別する立場については3.2節「マイノング主義」の中で検討する。

Box 3　すべてのものが存在する？！——存在の一義性について

　クワインは「何が存在するのか」という問いに答えることが存在論の課題に他ならないと考えた。しかしながら、現代存在論の出発点と目される論文「何が存在するのかについて」（1948）は、次のような言葉で始まる。「「何が存在するのか」〔……〕この問いにはただ一語――「すべてのものが」（Everything）――で答えることができ、だれもがこの答えを正しいと認めるだろう」（飯田隆訳『論理的観点から　論理と哲学をめぐる九章』、勁草書房、1992年、第Ⅰ章）。これをどう理解すればよいのであろう。この件だけを読めば、クワインは、存在論の問いが取るに足らないものだと述べているように見える。しかしそうではない。むしろここで述べられているのは、存在概念は一義的なものであるということだ。

「すべてのものが存在する」という答えに対して、次のように反論する人がいるかもしれない。「サンタクロースやペガサスは存在しない。だから、存在しないものもあるじゃないか」と。こう反論する人は、存在概念の多義性を認めている。というのも、サンタクロースやペガサスに何らかの存在概念（〈ある〉）を帰属させているからである。だが、存在概念の一義性を主張するクワインにとって、「存在しないものはない」。これは「存在しないものは存在しない」あるいは「ないものはない」と同様にトリヴィアルな事柄だとされる。この一義的な存在概念を表現するのが存在量化子（"∃"）に他ならない。

　こうした考え方は、存在が世界の諸対象を区分する実質的な性質ではないことを意味する。たとえば生命をもつという性質が、世界の諸対象を〈生命をもつ対象〉と〈生命をもたない対象〉とに分かつのとは異なり、存在は世界の諸対象を〈存在する対象〉と〈存在しない対象〉とに分類する性質ではない。この点でクワインは哲学のオーソドックスな伝統を受け継いでいる。よく知られているように、カントは「存在は実在的な述語ではない」と述べ、フレーゲ（G. Frege）もまた存在を対象に帰属させることはなかった。（ただし、フレーゲによれば、存在とは概念のもつ性質（外延をもつ）である。たとえば「人間は存在する」は、人間という概念は外延をもつと理解される。これに対し「ユニコーンは存在しない」は、ユニコーンという概念は外延をもたないと理解される。クワインにはこうした存在概念の理解は見られない。）

　存在の一義性というメタ存在論的テーゼに対する異議申し立てについては3.2節「マイノング主義」と3.3節「新カルナップ主義」を参照してほしい。

1.3　パラフレーズ

　前節では、クワイン的方法、すなわちある理論を構成する文から出発し、それを標準的な論理式に翻訳する過程を経て、その理論が何の存在にコミットしているのかを判定する手続きを概観した。しかしながら、そうした理論がわれわれの望まない存在論的コミットメントを含む場合にはどうしたらよいのだろう。

ユイ　どうしたらいいのかって？　そもそも私たちはそうした理論を承認していないんじゃないの？　たとえば魔女の存在にコミットするような理論は承認されてないわ。だから最初から問題は生じないように見えるけれど。

　ユイさんの言っていることは理解できる。「そうした理論は承認していない」と述べることで多くの事柄は解決するかもしれない。けれども次のような文を考えると、この問題は一筋縄ではいかないことが分かる。

（A）日本の平均的な女性は2014年に1.4人の子どもを産んだ。(The average Japanese woman has borne 1,4 child in 2014.)

　この（A）が人口統計学という理論を構成する文だとしよう。なるほど人口統計学は、物理学や化学といった基礎科学ではない。しかしほぼ疑いの余地なくわれわれはこの種の理論を承認している。(そうでなければ、少子化対策といった政策には何の根拠もなくなってしまうだろう。) ところが（A）を額面通りに受け取ると困ったことが生じる。なぜなら（A）を標準的な論理式に翻訳すると、それが平均的な日本人女性や、1.4人の子どもを産んだ何かの存在にコミットすることが判明するからである。

ユイ　その平均的な日本人女性を「A子」と呼びましょう。でもA子の身長はどれぐらいかって尋ねられても答えようがないわね。同様に、A子は痩せているのか太っているのかって尋ねられても調べる手段すらない。だってA子は存在しないから。

ミノル　「日本の平均的なサラリーマンのお小遣いは3万円でした」といった文は、ニュースでよく耳にするし、いままであまりヘンだとは感じなかったよ。でも、「平均的な日本人女性」はさておき、さすがに1.4人の子どもを産んだ女性なんて存在しないよなあ。

　「魔女理論」とは異なり、(A) をその一部とする理論（人口統計学）を承認しないと主張するのは難しい。ゆえに、われわれに残された有力な選択肢は、その理論が平均的な日本人女性や1.4人の子どもをもつ何かにコミットすることを回避する道であろう。そのためには (A) を存在論的に適切な仕方で書き換える必要がある。

　(A^*) 2014年に日本人として産まれた子どもの総数を、同年の日本人女性の総数で割った数は1.4である。

　この (A^*) は、平均的な日本人女性や1.4人の子どもをもつ何かにコミットしない。しかも (A^*) は (A) とほぼ同じことを述べているように見える。こうし

た言い換えは「パラフレーズ」と呼ばれる。しばしば存在論者たちは、望ましくない対象にコミットする文（あるいはコミットするように見える文）を、存在論的に適切な文にパラフレーズすることによって、当のコミットメント（あるいは、見せかけのコミットメント）を回避しようとする。なお、「存在論的に適切な文」とは、対象世界の構造を忠実に模した文を指す。

いま検討した例に関して大きな問題は見当たらない。日常的にはよく耳にするとはいえ、（A）は一見してミスリーディングな文であるからだ。だが、次の例に関してはどうだろうか。

(B) その部屋にはベッドがある。

この（B）は文字通りに受け取れば、ベッドという中間サイズの物質的対象の存在にコミットしている。というのも、（B）を（部分的に）論理式へ翻訳すると「$\exists x(x$はベッドである $\& x$はその部屋にある$)$」となり、変項"x"の値は他ならぬベッドであるからだ。だが、こうした対象へのコミットメントを望まず、世界には微細な粒子しか存在しないと主張する存在論者は（B）を次のようにパラフレーズするだろう。

(B^*) その部屋にはベッド状に並んだ粒子がある。(There are particles arranged bed-wise in the room.)

この（B^*）は粒子の存在にはコミットしているが、ベッドの存在にはコミットしていない。微細な粒子のみが存在すると説く存在論が擁護可能であるか否かはさておき、こうした存在論を支持する者は、（B^*）が存在論的に適切な文であると主張する。しかしながら、先ほどの例とは異なり、（B）と（B^*）のいずれが適切であるのかをにわかに決定することはできない。というのも（A）とは異なり、少なくとも（B）には明白な困難が見出せないからである。念のためもう一つだけ例を挙げておこう。

(C) 赤は色である。(Red is a color.)

この（C）にも困難があるようには見えない。しかし（C）を文字通りに理解すれば次の（D）が論理的に導かれる。

(D) 色であるような何かが存在する。

この (D) は「∃x(x は色である)」と翻訳されるので、何らかの色、すなわち性質の存在にコミットしていることになる。だが、性質の存在を疑わしいと考える存在論者は、あらかじめ (C) を次のようにパラフレーズするはずである。

(C^*) すべての赤いものは有色である。(All red things are colored.)

この (C^*) から (D) を導くことはできない。また (C^*) は「∀x(x は赤い → x は有色である)」と翻訳され、変項 "x" の値は個々の赤い対象（これらは具体的個別者）であるため、性質の存在にコミットすることはない。

パラフレーズの実例に関してはこれぐらいで十分であろう。以下では、そもそも「パラフレーズとは何であるのか」というメタ的な問題について考えてみたい。

ユイ パラフレーズというのは、望ましくない対象へのコミットメントを避けるための「言い換え」よね。ここでは論理式への翻訳に先立って、自然言語で書かれた文を、同じ自然言語で書かれた別の文に言い換える作業として説明されたわ。

ミノル 元の文と比べて、パラフレーズされた後の文の方が存在論的により適切であることも述べられていたと思う。

一見するとパラフレーズの戦略は単純に見えるのだが、それが何であるのか正確に述べることは難しい。ここでは二つの代表的な見解、すなわち**「修正的なパラフレーズ観」**(revisionary conception of paraphrase) と**「解釈的なパラフレーズ観」**(hermeneutic conception of paraphrase) を概観することによって、問題の所在を明確にしたい。[4]

修正的なパラフレーズ観によれば、パラフレーズされる側の文（これを「オリジナル文」と呼ぼう）は偽である。先ほどの例で言えば、(A)「日本の平均的な女性は 2014 年に 1.4 人の子どもを産んだ」にせよ、(B)「その部屋にはベッドがあ

---

[4] しばしば「修正的」は「革命的」(revolutionary) とも言われる。この区別を最初に提示したのは J. P. Burgess & G. Rosen, *A Subject with No Object: Strategies for Nominalistic Interpretation of Mathematics*, Clarendon Press, 1997 である。ただしそこでは唯名論的戦略に関する区別が問題となる。

る」にせよ、(C)「赤は色である」にせよ、オリジナル文は、パラフレーズを行う存在論者が望まない対象の存在にコミットしている以上、真とは見なされない。パラフレーズする側の文（これを「パラフレーズ文」と呼ぼう）は、オリジナル文の誤りを正す文として捉えられる[5]。つまりこの種のパラフレーズ観を採用する者は、世界を記述する言語の根本的な改革を目指していると言えよう[6]。これに対し、解釈的なパラフレーズ観におけるオリジナル文は、ミスリーディングではあるものの、真であると捉えられる。ゆえにオリジナル文もパラフレーズ文もともに真であるのだが、パラフレーズ文は、オリジナル文と比べ、より良い仕方で世界のあり方についての描像を与えるとされる。われわれの例文 (A)、(B)、(C) は、正しい仕方で解釈される限り、すなわち対応するパラフレーズ文 (A*)、(B*)、(C*) の意味で理解される限り、大きな問題はないのである。修正的なパラフレーズ観とは異なり、ここでは根本的な言語の改革が求められることはない。別様に言えば、オリジナル文はパラフレーズ文の「省略形」と見なされるのである。

　パラフレーズ自体に関するこうした考察はそれなりに興味深いのだが、肝心の「正しいパラフレーズの基準」について実質的なことを述べているとは言い難い。それは哲学者たちの怠惰さというよりは、むしろ問題の難しさに起因するように思われる。

　第一に、パラフレーズ文はオリジナル文と同値でなければならない、すなわちそれは「真理保存的」でなければならないと考えられるが、実際これはある文が正しいパラフレーズ文であるための十分条件でもなければ必要条件でもない。というのも、「1+1=2」と「独身者は配偶者をもたない」は同値である（すべての状況においてともに真である）が、後者を前者の（あるいは前者を後者の）正しいパラフレーズ文だと考える者はいないだろう。したがって同値関係は正しいパラフレーズにとっての十分条件にはほど遠い。いわんや修正的なパラフレーズ観を採

---

[5]　むろん通常の場面において、便宜上われわれはオリジナル文を用いて意思疎通を図っている。このこと自体に問題はない。しかし、いざ厳密に問われれば、バージェスとローゼンの言うように、「私が述べたことを私は本当に意味していたわけではない。つまり私が本当のところ意味していたのは……であった」と答えることができる (Burgess & Rosen 1997: 6)。「……」にはパラフレーズ文が入る。

[6]　カッラーラとヴァルチはこのアプローチのマニフェストを次のように表現する。「これまで哲学者たちは言語を理解しようと努めてきたにすぎない。しかしいまやそれを変える時である」(M. Carrara & A. Varzi, "Ontological Commitment and Reconstructivism", *Erkenntnis* 55, 2001: 33–50.)。これはマルクスの言う「フォイエルバッハのテーゼ」のパロディであろう。しばしば「修正的」は「革命的」とも言い換えられることを思い出そう。

用すれば、オリジナル文（偽）とパラフレーズ文（真）との真理値は異なるので、そもそも同値性は必要条件ですらない。第二に、しばしばパラフレーズ文はオリジナル文と同義でなければならない、すなわち二つの文は同じ意味をもたねばならないとされるが、よく知られているように、同義性の基準を定めることは極めて難しい。たとえこの問題をクリアできたとしても、同義関係は対称的な関係であるから、オリジナル文からパラフレーズ文への書き換えが成り立つならば、同様にパラフレーズ文からオリジナル文への書き換えも成り立つ。

　こうした難点を挙げればきりがない。いずれにせよ孤立した文脈の中でオリジナル文とパラフレーズ文を見比べてどちらが適切であるのか、あるいは後者が前者の正しい言い換えになっているのかを判定することはおそらくできないだろう。むしろ「正しいパラフレーズ」は、オリジナル文とパラフレーズ文のそれぞれが属する二つの理論の比較という総合的な視点から判定されなければならないように見える。しかし、このことさえ自覚していれば、パラフレーズの方法は、曖昧さを免れえないものであるとしても、依然として存在論の有効な道具立ての一つである。

Box 4　"No entity without identity"──クワイン的メタ存在論の否定的テーゼ

　「存在するとは変項の値であることだ」（存在論的コミットメントの基準）というテーゼがクワイン的メタ存在論の肯定的テーゼだとすれば、それと同じぐらいよく知られた言葉「同一性なき存在者はない」（"No entity without identity"）はその否定的テーゼと言えるだろう。これは存在者の目録に、明確な同一性基準（identity criteria）ないし同一性条件（identity conditions）をもたないアイテムを載せてはならないと説くテーゼである。

　同一性基準とは、ごく簡単に言えば、"a" と呼ばれるものと "b" と呼ばれるものが同じものであるための必要十分条件を指す。ふつうこの同一性基準は種（kinds）に相対化される。（これについてはII巻の第二講義においてやや詳しく解説する。）たとえば、a と b が集合という種に属するとする。このとき a と b が同一であるのは、それらがまったく同じメンバーをもつときかつそのときに限る。ゆえに、集合は明確な同一性基準をもつ存在者である。同様に、物質的対象という種に属する a と b が同一であるのは、それらがまったく同じ時空領域を占めるときかつそのときに限る。これが正しければ、物質的対象もまた明確な同一性基準をもつ存在者である。（物質的対象の同一性基準に対する反論については、II巻第一講義の中で論じる。）これらの同一性基準をまとめると次のようになる。

（1）aとbが集合に属するとき、$a=b$ ⇔ aとbはまったく同じメンバーをもつ

（2）aとbが物質的対象に属するとき、$a=b$ ⇔ aとbはまったく同じ時空領域を占める

これらを一般化すると、同一性基準は次のような形式で表される。

(CI) aとbが種Kに属するとき、$a=b$ ⇔ …

ここで例に挙げた集合や物質的対象は明確な同一性基準をもっており、クワインのテーゼに抵触しない。したがって、それらを存在者の目録から排除する理由はない。（ただしクワインの「否定的なテーゼ」を「xは同一性基準をもたないならば、xは存在しない」と解すれば、xが同一性基準をもつことから、直ちにxの存在を導くことはできない。）

これらに対し、クワインがやり玉に挙げる「可能的対象」(possibilia)は明確な同一性基準をもたないように見える。クワインの有名な一節を引いておこう。

> たとえば、その戸口に立っている可能的な太った男を考えてみよう。また、同じ戸口に立っている同様に可能的な禿の男も考えてみよう。ここには同一の可能的な男がいるのか、それとも、ふたりの可能的な男がいるのだろうか。どうやってそれを決めるのか。〔……〕結局のところ、同一性の概念は、現実化されていない可能者〔可能的対象〕には端的に適用できないのだろうか。だが、自身と同一であるとも、たがいに異なるとも有意味に言えないような存在者について語ることにどんな意味がありうるのだろうか（飯田隆訳『論理的観点から』、勁草書房、1992年、5–7頁）。

ここで可能的対象の例として挙げられているのは〈その戸口に立っている可能的な太った男〉と〈その戸口に立っている可能的な禿の男〉である。もちろんそれらは現実化されておらず、実際に戸口に立っているわけではない。（ルイス（D. Lewis）の言う可能的個体は別として）それらは時空領域に位置をもたないので、「物質的対象に関する同一性基準」をそれらに適用することはできない。むろん両者は記述のうえでは異なるが（一方は「太って」おり、他方は「禿」である）、このことだけから両者が互いに異なると主張することはできない。「『笑っていいとも』の司会者だった男」と「『ブラタモリ』に出演するサングラスを掛けた男」は二つの異なる記述であるがゆえに、それらが指す対象は互いに異なると主張する

のは馬鹿げているだろう。また、両者は同一であると述べることもできない。というのも、「戸口に立っている可能的な太った男」と「戸口に立っている可能的な禿の男」という記述を除けば、両者の同一性を確認する手掛かりは何もないからである。このように「可能的対象」と呼ばれるものは同一性基準をもたず、したがって、存在者の目録から排除しなければならないというのがクワインの「否定的テーゼ」から導かれる結論である。

　正直に述べれば、引用したクワイン自身の例はそれほど分かりやすいものではない。もう少し分かりやすい可能的対象の例は、カントの妻や1916年のベルリンオリンピックであろう。（カントは生涯独身を貫いた。またベルリンで1916年に開催されるはずだったオリンピックは第一次世界大戦の影響により中止された。）前者は、カントは結婚することもできたという意味で、後者は開催されることもできたという意味で、現実化されなかったものの、存在しえた対象である。同様に、シャーロック・ホームズやペガサスといった虚構あるいは神話のキャラクターたちも可能的対象と見なしうる。（クワイン自身はそうした捉え方をしていた。）前者が可能的な探偵であれば、後者は可能的な動物である。しかしながら、こうしたキャラクターたちがたんなる可能的対象であるという見解、およびそれらが同一性基準をもたないという見解に対しては、現代の論者たちから少なからぬ反論が寄せられている。（II 巻第四講義を参照。）

2　理論的美徳——「適切な存在論」の基準について

「1,000,000 よりも大きな素数は存在するのか」、「クモとタラバガニに共通する解剖学的性質は存在するのか」、「北朝鮮に水素爆弾は存在するのか」といった一群の問いと、「数は存在するのか」、「性質は存在するのか」、「物質的対象は存在するのか」といった一群の問いとのあいだには、根本的な違いがあるように見える。前者のタイプの問いについては（数学や）科学が答えるべきあり、後者のタイプの問いについては哲学が責任をもつべきだとわれわれは考えるかもしれない。科学者は後者の問いを「非科学的」だと見なし、哲学者は前者の問いを「非哲学的」だと見なすと言ってもあながち間違いではなかろう。しかしながら、クワインはこれら二つのタイプの問いのあいだに根本的な違いを認めなかった。このことは、存在論の適切さが科学理論と同様の基準によって評価されうることを示唆する。以下では、現代の標準的メタ存在論が前提する「理論選択」(theory choice) というアイディアについて簡単な解説を行うことにしたい。

存在論者たちは、いったい何を根拠にして、存在論Aは存在論Bよりも適切であると主張するのか。どんな基準の下に、存在論Cではなく存在論Dを選択するのか。こうした問いに答える際にしばしば引き合いに出されるのは「**理論的美徳**」（theoretical virtues）と呼ばれる一群の評価基準である。われわれは(a)「単純性」、(b)「説明力」、(c)「直観および他の諸理論との整合性」という代表的な美徳を順番に解説するとともに、それらの問題点についても指摘することにしたい。

2.1 単純性

単純性（simplicity）という美徳の検討から始めよう。「（他の条件が等しければ）理論はより単純である方が優れている」という考え方に反論する人は少ないだろう。

ユイ まさに「シンプル・イズ・ベスト」は理論一般についても当てはまるということね。たしかに同程度の能力をもつ理論Aと理論Bがあって、かつ理論Aが理論Bよりもシンプルであれば、理論Aを選択する方が合理的だわ。わざわざ複雑な理論Bを選ぶ人はいないでしょ。

ミノル でも「理論が単純（シンプル）である」ってどういうことなの？

「理論が単純である」ことの内実は、(i) **より少ない原理**（仮定、公理、原始概念など）をもつということと、(ii) **より少ない存在者**を要請することに区分できる。(i) のタイプは「**構文論的単純性**」あるいは「**エレガンス**」と呼ばれ、(ii) のタイプは「**存在論的単純性**」あるいは「**倹約**」（parsimony）と呼ばれる[7]。まずは、俗に言う「**オッカムの剃刀**」と関係する倹約の方を考察していこう。

中世の哲学者オッカムが実際にどう述べていたかはさておき、現代の存在論者たちは「オッカムの剃刀」を「必要を超えて存在者の数を増やしてはならない」という原理として理解する。この原理は次のような論証の中に現れる。

■「オッカムの剃刀」による論証
①世界の説明に関して不必要であるものは存在しない。（「オッカムの剃刀」）
②Xは世界の説明に関して不必要である。

---

[7] A. Baker, "Simplicity", in E. N. Zalta (ed.), *The Stanford Encyclopedia of Philosophy* (2010 edn), http://plato.stanford.edu/entries/simplicity/.

ゆえに、③ X は存在しない。

世界についての広く受け入れられた事実、たとえば、「a と b はともに F である」という事実（タイプの一致）を説明するにあたって、a と b が共有する F 性という普遍的性質は必要ではなく、むしろ余計なものであることが判明したとしよう。このことから、「オッカムの剃刀」による論証を使って「普遍者としての性質は存在しない」と結論することができる。言うなれば、切れ味鋭い「オッカムの剃刀」を使って「プラトンの髭」（普遍者）を削ぎ落としてしまおうというわけだ。

倹約という観点から見れば、同じ事実の説明に関して、普遍者に頼らない存在論A（「唯名論」）の方が、普遍者にコミットする存在論B（「実在論」）よりも倹約的である。存在論Aは、存在論Bと比べて、より少ない存在者でやり繰りできるからである。これが正しければ、倹約は理論的美徳であるので、「存在論Bよりも存在論Aの方が優れている」という結論が導き出される。

ユイ ずいぶんとスッキリした議論ね。この調子で行けば「適切な存在論」についての合意なんてものは簡単に形成されそうだけど。

ところがそう簡単にはいかない。このことをルイスの事例を使って考えてみたい。ルイスは、倹約を**質的倹約**（qualitative parsimony）と**量的倹約**（quantitative parsimony）とに区分する。[8] 質的倹約とは、存在者のカテゴリーないし種の数を抑える倹約を意味するのに対し、量的倹約とはカテゴリーないし種の実例（instance）の数を抑える倹約を意味する。たとえば、ある理論が「心的なもの」と「物理的なもの」という二つのカテゴリーの代わりに、「物理的なもの」というカテゴリーのみを要請するのであれば、その理論は質的により倹約的である。これに対し、ある理論が「心的なもの」の実例を、人間と他の動物の双方に認めるのでなく、人間だけに認めるのであれば、その理論は量的により倹約的である。なぜならその理論は心的なものの実例の数を抑制することに成功しているからである。この区分をしたうえで、ルイスは質的倹約の方が重要だと述べる。

ここまでは問題ない。存在論の第一の課題がカテゴリーのリストアップである以上、ルイスはむしろ当たり前のことを述べていると言えよう。当然、存在論者

---

[8] D. ルイス『反事実的条件法』、吉満昭宏訳、勁草書房、2007年、142–143頁

が念頭に置く倹約とは質的倹約に他ならない。ところが問題はこの先にある。ルイスは質的倹約の美徳を、彼の悪名高き**様相実在論**（modal realism）を正当化する根拠の一つとするのである。様相実在論とは大雑把に言えば「具体的対象としての可能世界が無数に存在する」ことを主張する理論である。

> あなたはすでにわれわれの現実世界の存在を信じている。私は、何らかの新しい種類のものの存在ではなく、同種のより多くのものの存在を信じるようあなたに求めているだけである（ルイス前掲書、143頁）。

この引用の中で言われる「同種のより多くもの」とは、具体的な現実世界と同じ種類の無数の世界を指す。ルイスは、自らの理論が量的には倹約的でないことを認めながら、質的には倹約的であると説いてみせる。なるほど様相実在論は、可能世界およびその構成部分としての可能的個体を用いて、命題や性質といった抽象者のカテゴリーを消去する点で倹約的である。しかしながら、たとえルイスの理論が質的倹約の美徳をもつことを認めたとしても、それは極めて反直観的な主張——「時空的に隔絶した無数の可能世界が、現実世界と同様の具体的対象として存在する」という主張——の支払う代償（コスト）に見合ったものなのか。こうした主張はたんに直観に反するだけでなく、現代の基礎的科学とも相容れないように見える。ルイスには「確信犯的」な態度が見られるとはいえ、この事例は倹約が無条件に賞賛される美徳ではないことを示している。

次に、もう一つのタイプの単純性、すなわち構文論的単純性ないしエレガンスについて考察していくが、この美徳を理解するためには、少しだけ回り道をする必要がある。ここではよく言及される「穴」（holes）の事例を考えてみたい。[9]

（1）この壁には穴がある。

この文（1）を翻訳するとおおよそ次のようになろう。

（1*）$\exists x(x$は穴である $\& x$はこの壁の部分である$)$

---

[9]「穴」は現代存在論において頻繁に引き合いに出される事例である。ここにはルイス夫妻の論文「穴」（1970）の大きな影響が見て取れる（D. Lewis & S. Lewis, "Holes", *The Australian Journal of Philosophy* 48, 1970: 206-2012）。この論文の骨子および穴に関する包括的研究に興味がある人は、加地大介による本格的な研究書を参照してほしい（加地大介『穴と境界——存在論的探求』、春秋社、2008年）。とくにその書の第2章でルイス論文の解説がなされている。

ここでの変項 "x" の値は穴に他ならないので、クワインの基準に従えば、(1^*) として解された（1）は穴の存在にコミットしていることになる。

ユイ 穴が存在するなんて奇妙だわ。だって、「穴」と言われるものは、何かの欠如、何かの不在でしょ。たとえば工場が爆発して地面に穴ができたとき、地面に新たな存在者〈穴〉が加わったと考えるのはおかしいでしょ。たんにそこにあった土やコンクリートの一部が吹き飛ばされて、いまはないという状態ができただけなんじゃない？

たしかにそのように考える哲学者は多い。「欠如の存在」、「不在の存在」にコミットするのは悪しき存在論の典型だと。ゆえに、穴に関する反実在論者は（1）について次のようなパラフレーズを提案する。

　　（1^+）この壁は穿たれている。（This wall is perforated.）

この（1^+）は、新しい述語「穿たれている」を導入して（1）をパラフレーズしたものだ。この述語はある形を表現する「形状述語」の一つとして捉えられる。（1^+）が含意するのは、せいぜいのところこの壁の存在であり、穴の存在にコミットするものではない。

ユイ これで一件落着というわけね。

ところがそう簡単にはいかない。次のような例文を考えてみよう。

　　（2）この壁にはただ一つの穴がある。
　　（3）この壁には二つの穴がある。

ふつうわれわれは穴の数を数えることができると信じているし、そのことはもっともらしい。もちろん穴への素朴な量化は「穴が存在する」という結論を直ちに導くものではない。反実在論者は先ほどと同じ仕方で（2）や（3）をパラフレーズできると主張するだろう。

（2⁺）この壁はひと穿ちされている。（This wall is singularly-perforated.）
（3⁺）この壁はふた穿ちされている。（This wall is doubly-perforated.）

　ここで導入されるのは「ひと穿ちされている」、「ふた穿ちされている」という新しい形状述語である。こうした述語を次から次に導入していくことにより、反実在論者は「穴の数を数え上げている」ように見える文を、穴の存在にコミットしない文に書き換えることができると主張する。
　そろそろ本題に入ろう。反実在論者のパラフレーズには問題がなく、またそれらは実在論と同程度の説明力をもつと仮定しよう。このことから「反実在論者の存在論の方が優れている」という結論が出てくるだろうか。

ユイ　当然そう結論できると思うわ。だって、穴という厄介なアイテムにコミットしない点ですでに倹約的よね。それでいて、穴の実在論者たちが持ち出す事実を難なく説明できるわけだから。

ミノル　でも、果たして反実在論者の理論は「シンプル」だと言えるのかな？

　問題はそこにある。つまり反実在論者の理論は、倹約という意味での単純性を有する一方で、エレガンスという意味での単純性はもたないという反論が可能なのだ。エレガンスというのは構文論的単純性であった。この観点からすれば、「ひと穿ちされている」、「ふた穿ちされている」、「み穿ちされている」……という新しい述語をその都度導入しなければならない理論は単純（エレガント）とは言い難い。むろん無数の述語をもつこと自体が「悪徳」であるわけではないが、問題は、それらの述語が互いに関連をもたない「**原始述語**」（primitives）として導入されることにある。[10]

　原始述語とはそれ以上遡って定義することのできない述語のことであり、それを使って他の述語を定義する側の述語を指す。たとえば、「x は y の親である」、

---

[10]　このあたりの記述は N. Effingham, *Introduction to Ontology*, Polity, 2013, Ch. 2. を参考にしている。エフィンガムはエレガンスを「概念的倹約」（ideological parsimony）と呼ぶのに対し、われわれは「倹約」という用語をもっぱら存在論的単純性の意味で用いている。ただし、エフィンガムに見られるように、最近の文献では "ontology" と "ideology" との対比がむしろ一般的になりつつある。たとえばサイダーはこの対比を取り上げ、"ontology"（われわれの言う「倹約」）を偏重する傾向に対して、"ideology"（「理論による原始概念の選択」）の重要性を強調している。T. Sider, *Writing the Book of the World*, Oxford University Press, 2011: vii–viii.

「xは女である」を原始述語だとすれば、「xはyの母である」という述語は「xはyの親である＆xは女である」と定義することができる。また「xはyの祖父である」という述語は「あるzが存在し、xはzの親である＆zはyの親である＆xは女ではない」と定義することができる。さらに「xはyの娘である」は「yはxの親である＆xは女である」と定義することもできる。われわれの言語は多くの述語をもつが、そのすべてが原始述語だというわけではない。（もしそうだとすれば、言語の習得は非常に難しいものとなってしまうだろう。）

　話をもとに戻すと、当然われわれは「穿たれている」という述語と、「ひと穿ちされている」、「ふた穿ちされている」といった述語とのあいだにこうした定義関係を期待してしまう。ところが反実在論者の理論では、「ひと穿ちされている」や「ふた穿ちされている」は、「穿たれている」から定義することのできない原始述語として登場するのである。

　これに対し、実在論の理論では、「穴である」という述語一つで事足りる。先ほどの（2）と（3）を実在論的に翻訳してみよう。

　　（2^*）この壁の穴であるものがただ一つ存在する。
　　（3^*）この壁の穴であるものが二つ存在する。

　ここには「ただ一つ」や「二つ」という表現が登場するが、これらを「この壁の穴であるものの数は1である」や「この壁の穴であるものの数は2である」と解してもよいし、自然数への明白なコミットメントを避けたいのであれば、「この壁の穴であるxが存在し、かつすべてのyについて、それがこの壁の穴であれば$y = x$」、「この壁の穴である x と y が存在し、$x \neq y$、かつすべてのzについて、それがこの壁の穴であれば、$z = x$または$z = y$」と解してもよい。いずれにせよ、実在論的理論において、「穴である」という述語に加えて、「ひと穴である」や「ふた穴である」といった述語は必要とされないのである。この意味において、穴の実在論は反実在論と比べてずっとエレガントであると言えよう

　この議論から得られる教訓とは何か。それは次のようにまとめられよう。単純性が理論的美徳であることは疑いえない。しかし、存在論的単純性（倹約）をもつことは、構文論的単純性（エレガンス）をもつことを含意せず、その逆もまた真である。むしろ二つのタイプの単純性は多くのケースでトレードオフの関係に立つ。つまり両者のあいだには、一方を重視すれば他方を犠牲とせざるをえないような関係が成立する。ゆえにわれわれは、単純性という基準に従って理論を評

価する際に、つねにこのことを念頭に置く必要がある。

2.2　説明力

理論 A は、ある事実に関して、より基本的なレベルでの説明を与えうるのに対し、理論 B はその事実を説明できない、あるいはそれを「原始的事実」として扱うとき、理論 A は理論 B よりも強い「**説明力**」（explanatory power）をもつと言われる。こうした説明力を理論的美徳の一つに数え上げない人はいないだろう。たとえばこの数十年の地球の平均気温が上昇している事実を説明できる理論は、それを説明できない、あるいはそれを「原始的事実」として扱う理論よりも優れている。とはいえ、理論一般の説明力に関する議論はわれわれの手に余るので、ここでは話を哲学的理論に限定しよう。

われわれは世界の諸事象のあいだに一定の**規則性**（regularities）を見出すことができる。このペンは手を離せばいつでも落下するし、ある条件のもとで水を沸かせば常に 100℃ で沸騰する。このように、「何らかの規則性が世界において成立している」という事実は揺るぎないように見える。

ユイ　当り前だと思う。そうでなければ、未来に起こる事象を予測することなんてほぼ不可能よ。私たちはたんなる偶然に身を任せて日々の生活を送っているわけではないわ。

ミノル　僕はよくコイン投げをして、次にとるべき行動を決めているけど……。そんな不真面目な人はあまりいないよね。

さて、「世界は規則性を含む」という事実を前にして、われわれはどのような態度をとりうるだろう。神の存在に訴える理論（「神がそのように世界を創ったから」など）を除外すれば、少なくとも二つの理論的選択肢がある。一つ目は、**自然法則**（law of nature）の存在に訴えて規則性を説明する選択肢である。二つ目は、「世界には規則性がある」という事実を原始的事実、すなわちそれ以上説明することができない事実として捉える選択肢である。この後者の選択肢を「ヒューム

---

[11] ここで現代形而上学の代表的トピックの一つである「**因果性**」（causality）の話題を本格的に論じたいわけではない。むしろわれわれは、「説明力」と呼ばれる理論的美徳を理解するための一事例としてこのトピックを持ち出しているにすぎない。因果性についての入門的説明は鈴木生郎ほか『ワードマップ現代形而上学』（新曜社、2014年）の第4章をお薦めする。また一ノ瀬正樹『原因と結果の迷宮』（勁草書房、2006年）も参考になる。

主義」と呼びうるのであれば、前者の選択肢は「反ヒューム主義」である。

ミノル 当然、反ヒューム主義の方が強い説明力をもっていることになるよね。だって、「世界には規則性がある」という基本的事実を、自然法則に遡って説明するわけだから。

ユイ それに対して、ヒューム主義はその事実を説明しえない。でも、そこから「反ヒューム主義の方が優れている」という結論がスムーズに出てくるのかしら？ そもそも自然法則っていったい何なの？ あるとすれば、それはかなり抽象的なものよね。

　ユイさんの懸念は当たっているかもしれない。たとえば反ヒューム主義者の一人であるアームストロング（D. M. Armstrong）は、自然法則を普遍的性質のあいだの必然的な関係として、すなわち「F性はG性を必然化する（neccessitates）」という関係として捉える。こうして自然法則自体は通常の普遍者（「一階の普遍者」）よりも高い階層に位置する「二階の普遍者」（second-order universals）を含むと言われる。自然法則の存在に依拠するこの種の理論は、たしかにヒューム主義よりも強い説明力をもつが、それは法則あるいは高階の普遍者の存在を認めるという代償を払わねばならない。

ユイ つまり反ヒューム主義の存在論は説明力という観点から見れば、より優れた理論であるように見えるけれど、倹約の観点から見れば、ヒューム主義の存在論の方が優れているということね。

ミノル 説明力と倹約は互いに衝突する美徳として現れるということ？

　そういうことになる。言ってしまえば「適切な存在論」についての合意を形成するためには、ある種の「バランス感覚」が要求される。これを経営学などで言われる「**コスト－ベネフィット分析**（費用便益分析）」（cost-benefit analysis）に喩える者もいる。ここでは、ある存在論から得られる利益（理論的利点）を、そのために支払うコスト（理論的代償）と照らし合わせて評価する方法を意味する。むろん存在論における利益やコストは、「貨幣額」という仕方で数値化されうるものではないが、それでもコスト－ベネフィット分析は競合する複数の存在論を評価する際に重要な役割を果たすと考えられる。

2.3 直観および他の諸理論との整合性

ここまでは「倹約」、「エレガンス」、「説明力」という、それぞれ単独で見れば疑いの余地のない美徳を考察してきたが、いまから検討する「**直観との整合性**」（coherence with intuitions）および「**他の諸理論との整合性**」（coherence with other theories）はかなり問題含みの性格をもつ。まずは前者について考えていこう。

ミノル　哲学者たちは「直観」という言葉をよく使うけれど、いろんな意味がありそうでよく分からないな。

ここでは「直観」という語をかなり素朴な意味で用いている。これを「日常的信念」や「常識」と言い換えてもよい。少なくとも現代の分析哲学者たちはそうした用法に従っている。間違ってもこれをカント的な用法（「感性」）と混同してはならない。

ユイ　正直、そうした意味での直観と整合的であることが理論的美徳だというのは理解しがたいわ。日常的信念や常識はたいてい当てにならないものだし。

ミノル　とくに哲学というのは、世間では「常識を覆す」というイメージで捉えられているからね。

やや逆説的な言い方だが、僕は「哲学が反常識である」という常識（？）こそ疑ってみる必要があると思っている。たしかに僕は「常識の中には疑わしきものが含まれている」という見解には賛同する。だが思い返してほしい。われわれの常識は様々なプロセスを経て形成されてきたはずだ。その中には家庭でのしつけや育った地域での慣習だけではなく、学校での教育なども含まれる。こうして形成された広い意味での常識を「直観」と呼ぶのであれば、理論的思考を始めるに際してさしあたりの出発点になるのは直観であると言えなくもない。

ユイ　もちろん直観を理論的探求の「出発点」として捉えるのはやぶさかではないけれど、いま問題になっているのはむしろ「到着点」じゃないの？　つまり、最終的に理論を評価する際に「直観との整合性」はその基準として用いることができるのかという問題よ。

そうであった。煙に巻くつもりはないが、「できるか否か」という問いに即答することは難しい。ただ一つ言えることは、われわれが、その基準をまったく使わないことは困難であるということだ。たとえば、ルイスの「様相実在論」(「具体的対象としての可能世界が無数に存在する」) を評価するとき、われわれはそれが「直観的におかしい」と考える。もちろん狭義の常識プラス学校で習う初歩的科学の知識をもって「奇妙だ」と判断するのである。ルイスの理論にとって、これは支払うべき「コスト」の一つであるように見える。しかし、このコストを補って余りある利益があるとすれば、「コスト－ベネフィット分析」によって様相実在論の適切さが示されるだろう。もちろんルイス自身はそうした利益 (質的倹約と説明力に関する利点) があると信じていた。

この種の事例は数多くあるが、もう一つだけ挙げておこう。それは第一講義の中で短く触れた「メレオロジー的なニヒリズム」である。この立場は、一切の複合的対象の存在を認めず、存在するのは、部分をもたない単純なものだけだと主張する。ニヒリズムの立場に立てば、当然、椅子や机といった身近な人工物が存在しないばかりか、細胞や分子や原子まで存在しないことになる。(原子といえども、電子などの素粒子を部分としてもつ複合的対象である。) 明らかにこれは非科学者たちの直観のみならず、大方の科学者たちの直観にも反する。このことはニヒリストたちの支払うべきコストが大きいことを意味する。ニヒリストたちが自らの理論を擁護したければ、このコストを自覚しながら、他の理論的美徳に訴えるしかないだろう。

「直観との整合性」を理論的美徳の一つと見なすことの理由は分かっていただけただろうか。当たり前ではあるが、われわれの直観と整合的であるということだけで、ある理論ないし存在論の適切さが示されるわけではない。しかし、それが諸基準の一つとして機能することは否定しがたいのである。[12]

---

[12] これに納得できない人たちにとっての「朗報」をお伝えしよう。哲学者の用いる直観が広く共有されていると思い込んでいるのは、当の無邪気な哲学者たちだけであり、せいぜいのところそれは「ある程度の教育を受けた平均的な白人男性の常識」にすぎないと説く論者がいる。これは「ポストモダン」あるいは「社会構築主義」のような立場を連想させるが、そうではない。近年、分析哲学の内部で脚光を浴びる「**実験哲学**」(experimental philosophy) は真面目にこうした直観批判を展開している。個人的な話になるが、数年前、僕はある研究会で企画された「現代形而上学 vs. 実験哲学」という討論に参加させてもらった際に、優秀な分析哲学者たちが実験哲学の研究に従事していることを知り、いささか驚いたことを覚えている。彼らは社会心理学とよく似た統計的手法を用いて、哲学者と非哲学者の双方にアンケートを実施し、哲学でよく言及される「直観」がいかに危ういものであるかを暴き出そうとする。だから、われわれの「直観擁護」に納得できない人はこの実験哲学の議論をぜひ参照してほしい。日本語で読める最も充実した文献は次のものである。笠木雅史「実験哲学からの挑戦」、*Contemporary and Applied Philosophy* (応用哲学会誌)

次に「他の諸理論との整合性」について短く述べておこう。これは、(哲学を含む) 各個別科学がトータル・サイエンスの一部として機能するという立場を採る論者にとっては当然の美徳であろう。こうした論者の中には正統的なクワイン主義者たちが含まれる。われわれは哲学が科学の一部であるという立場に立つわけではないが、原則としては、哲学理論が自然諸科学や数学と対立することは望ましくないと考える。もっとも「他の諸理論」をそうした科学・数学に限定する必要はないだろう。もしわれわれがここで倫理学について講義しているのであれば、法学や政治学との整合性を見出そうとすることはむしろ自然である。だが哲学と他の諸理論との関係について、自然諸科学と同様の「序列」をイメージしてはならない。つまり、もっとも基礎的な科学 (物理学) があり、各個別科学は、最終的にその基礎的科学との整合性をもたねばならないというヒエラルキーは存在しない。哲学の主張は時として隣接科学の主張と相容れないかもしれない。これが支払うべきコストであることは疑いえないが、しかしそのことだけをもって、ある哲学理論が不適切だということにはならないだろう。「他の諸理論との整合性」は適切な哲学理論であるための十分条件でもなければ必要条件でもない。これがやや「尊大」に聞こえるのであれば、次のように言い直しても良い。われわれは哲学が外部からのチェックを一切受け付けないと主張しているわけではなく、哲学ないし存在論にとって「他の諸理論との整合性」は望まれる美徳の一つであると述べているにすぎない。

3 非クワイン的なメタ存在論

存在論的コミットメントの基準とパラフレーズ、および理論選択から成るクワイン的方法は、現代の標準的なメタ存在論として、多くの論者たちに方法論上の指針を与えてきた。だが近年、そうした標準的方法に異を唱える論者が増えている。本講義では、この動向を逐一解説することはできないが、「現代存在論」と銘打つ以上、クワイン以後のメタ存在論にまったく触れないわけにもいかない。以下では「虚構主義」(fictionalism)、「マイノング主義」(Meinongianism)、「新カルナップ主義」(Neo-Carnapianism) という三つの立場に限ってごく簡単な検討を加えることにしたい。(なお「虚構主義」と「マイノング主義」については、II 巻の第三講義と第四講義の中でより詳細に論じる予定である。)

3.1 虚構主義

1.2節で見たクワイン的方法を復習しよう。それは、①われわれの承認する理論の一部を成す文を標準的な論理式に翻訳し、そこから②存在論的コミットメントを取り出し、最終的に③それがコミットする対象の存在を額面通りに受け入れる、という一連の手続きとしてまとめることができた。ところが、いまから検討する虚構主義は①と②を認めても、そこから③に至る必要はないと説く。

ユイ つまり、理論ないし文がある対象にコミットすることを認めたとしても、私たちは必ずしもそうした対象の存在を信じる必要はないってことね。

ミノル たしかにこうした態度はクワインとは違うようだけど、そんなことを主張する虚構主義ってどんな立場なの？

　虚構主義には実に様々なタイプのものがあるが、ここでは細かな区分にこだわらず、その骨子だけを解説しよう。大雑把に言えば、虚構主義とは、ある領域における言説をフィクションとの類似性をもつ言説として捉える立場を指す。典型的には、数や集合や関数といった数学的対象、道徳的価値や可能世界といった抽象的対象ないし可能的対象へのコミットメントを含む文は、フィクションの中に現れる文のように扱われる。

ミノル 「フィクション」というのは、小説やドラマのことでしょ。テレビドラマが終了すると「このドラマはフィクションです。実在の人物や団体などとは関係ありません」なんてテロップが表示されるけれど、抽象的対象や可能的対象についての言説は、そういったフィクションだと言いたいの？

　大雑把に言えばそういうことになる。フィクションの中には、何かの存在にコミットするような文がたくさん現れるが、そうしたコミットメントをいちいち真面目に受け取る人はいないだろう。（稀にそうした奇特な人がいるので、先の「注意書き」がテロップとして表示されるとも言えるが。）たとえば、『ドラえもん』の中には、タケコプターやどこでもドアの存在にコミットする文が出てくるが、著者はそれらの存在を真面目に主張しているわけではなく、あくまでもそれらが存在するようなふりをしているにすぎず、われわれ読者の側も、それらの存在を信じるふりをしているにすぎない。

虚構主義者たちによれば、われわれは抽象的対象や可能的対象にコミットする言説に対して、これと同様の態度をとっている。これらの言説は、フィクションという集団的な「ごっこ遊び」（make-believe）のゲームのうちでのみ真と見なされる[13]。例として次の文を考察してみよう。

　　（N）3よりも小さい素数が存在する。

数学に関する虚構主義者にとって、（N）は時空間のうちに位置をもたない抽象的対象、すなわち数の存在にコミットするがゆえに、文字通りに捉えれば偽である[14]。しかしながら、われわれは（N）をある種のフィクションにおける文と見なすことにより、（N）を受け入れることができる。つまり（N）は、数の存在を真面目に主張しているわけではなく、そうした対象が存在するようなふりをしているにすぎないと考えるわけである。ここでのフィクションとは標準的な数学である。

ユイ　数学がフィクションだなんてかなりヘンだわ。

ユイさんのような反応はよく見受けられる。しかし「フィクション」を規則に従ったゲームだと解すればそれほど奇妙な考え方ではなかろう。こうした数学観は、ある種の「形式主義」に見られるように珍しいものではない[15]。それはともかく、数学に関する虚構主義者は、抽象的対象へのコミットメントを含む数学をフィクションの一種と見なす。そのように解された数学は真理を目指す理論ではなく、物理的世界に関する経験的言明のあいだの推論を容易にする有益なフィクションとして捉えられるのだ。しばしば引かれる標語を用いれば、数学は「真であることなく善い（有益な）」（good without being true）理論である。

　なぜ虚構主義が「非クワイン的なメタ存在論」であるのかを、もう一度確認しておこう。クワインのメタ存在論によれば、われわれがある理論を承認しており、

---

[13] 「ごっこ遊び」をキーワードとする虚構主義の原点は次の著作である。K. L. Walton, *Mimesis as Make-Believe: On the Foundation of the Representational Arts*, Harvard Univertity Press, 1993.（田村均訳『フィクションとは何か——ごっこ遊びと芸術』、名古屋大学出版会、2016年）
[14] 数学に関する虚構主義者は、抽象的対象の存在を認めないという意味での「唯名論者」でもある。彼らの多くは、抽象的対象が因果的に作用せず、認識の対象たりえないという理由から、それらの存在を否定する。
[15] ただし形式主義者は数学の言明を真でも偽でもないと考える。それに対し、虚構主義者はそれを文字通りに捉えると偽だと主張する。

その理論を構成する文 P が X の存在にコミットしているのであれば、われわれは X の存在を信じなければならない。ところが、われわれはそうした文 P を発話しつつ、実際には X の存在を信じていないことがある。このケースにおいて「クワイン的メニュー」が提供する選択肢は次の三つである。[16]

(i) たんに P を発話するのを止める。
(ii) 考えを改めて素直に X の存在を認める。
(iii) X にコミットしないように P をパラフレーズする。

虚構主義はこれらとは異なる「第四の選択肢」を提供すると言う。すなわち、有用性の観点から P を発話しつつも、P がコミットする X の存在を否定するという選択肢である。(たとえば「福島の原発事故は東日本を壊滅させることもできた」という様相文の哲学的分析である「少なくとも一つの可能世界において、福島の原発事故は東日本を壊滅させた」を発話しながらも、可能世界の存在を否定するという選択肢。)

ただし、虚構主義者の中には (iii) のパラフレーズの方法を用いる者もいる。[17] だが、虚構主義者たちの多くは、たとえ明示的なパラフレーズを用いずとも、当該の文 P をフィクションの言説として扱うという態度さえはっきりしていれば、X の存在を実際に信じる必要はないと考える。

3.2 マイノング主義

マイノング主義（Meinongianism）とは、オーストリアの哲学者マイノング（A. Meinong）の「非存在者」（nonexistent objects）に関する思想を、程度の差こそあれ、現代哲学のうちに復活させようとする立場全般を指す。ここではもっぱらメタ存在論という観点からこの立場を検討することにしたい。(II 巻の第四講義「虚構的対象」においてもマイノング主義を論じる予定である。)

---

[16] S. Yablo, "Go Figure: A Path Through Fictionalism", *Midwest Studies in Philosophy* 25, 2001: 72–102, reprinted in *Things: Papers on Objects, Events, and Properties* (Philosophical Papers, Vol. II), Oxford University Press, 2010: 221–245. ただしヤブローによる虚構主義の区分および彼自身の支持する虚構主義はこの講義の解説よりもずっと複雑であることを付け加えておく。

[17] このタイプの虚構主義者は文 (N) を次のようにパラフレーズする。(N*)「標準的な数学というフィクションによれば、3 よりも小さい素数が存在する」。この (N*) に現れる「……というフィクションによれば」(According to the fiction of..) という表現は「虚構オペレーター」と呼ばれる。このオペレーターを付すことによって、オリジナル文 (N) の主張の力は無力化されると考えられる。この方法に関しては II 巻の第三講義で取り上げる。

前節で見た虚構主義は、量化と存在論的コミットメントとの不可分の結びつきを認めたうえで、文（理論）のコミットメントを文字通りに受け取る必要はないと説いたのに対し、マイノング主義は、クワイン的メタ存在論が前提するそうした結びつき自体を否定する。

ユイ 虚構主義者は次のように考えるのよね。多くの数学的言明は抽象的対象への量化を含んでいるがゆえに、抽象的対象の存在にコミットする。したがって数学的言明の多くは偽である。だからそれらを、文字通りにではなく、フィクションの言説に接するような態度で受け取らなければならない、と。だとすれば、虚構主義はクワイン的メタ存在論を部分的に前提していることになるわね。だって、「量化されること」と「存在すること」との不可分の関係を認めているわけだから。

ミノル ところがマイノング主義者は、量化と存在との結びつきをそもそも認めない。彼らは虚構主義者たちよりもさらにラディカルに見えるね。

標準的なメタ存在論との距離という観点から見れば、そのようにも言えるだろう。しかしながら、マイノング主義はある意味でわれわれの日常的直観からかけ離れた立場ではない。このことを他愛のない日常会話に即して説明しよう。ミノル君が友人との文学談義の中で次のような発言をしたとしよう。

（M）村上春樹の『ノルウェーの森』の中に僕の嫌いなキャラクターがいるんだよね。

この文（M）を論理的な言語に翻訳すると次のようになるはずである。

（M*）$\exists x(x$ は村上春樹の『ノルウェーの森』の中のキャラクターである & 僕は x が嫌いである)

クワイン主義者であれば、（M*）は虚構のキャラクターの存在にコミットしていると主張するだろう。言うまでもなく、（M*）において量化されているのはキャラクターだからである。（変項 "x" の値はキャラクターである。）続いてクワイン主義者は次のように説くはずである。虚構のキャラクターなんてものは存在しないので、（M）は、そうした対象へのコミットメントを含まない文にパラフ

レーズされなければならない、と。これに対し、マイノング主義者は（M）の翻訳は（M*）で構わないと応える。なぜかと言えば、彼らは量化が存在論的コミットメントを含意することを否定するからである。マイノング主義が「非クワイン的なメタ存在論」だと言われる理由はここにある。

　前節で例に挙げた数学的言明に関しても同様である。たとえば（N）「3よりも小さな素数が存在する」を論理的な言語に翻訳したものが（N*）である。

　　（N*）$\exists x(x$は素数である&xは3よりも小さい$)$

　マイノング主義者にとって（N）の正しい翻訳は（N*）であり、これをパラフレーズする必要はない。なぜなら（N*）は、数という抽象的対象への量化を含むにもかかわらず、その存在にコミットしているとは見なされないからである。

ミノル　ということは、マイノング主義者は虚構のキャラクターの存在も、数の存在も認めない立場に立つんだね。なんだか意外な感じがするなあ。マイノングって哲学者はもっと荒唐無稽なことを主張しているイメージがあったから……。

ユイ　私が理解に苦しむのは、（M*）や（N*）の扱いよ。そこに出てくるのは存在量化子"$\exists$"でしょ。存在量化子が束縛する変項の値が存在しないっていうのは、「何らかのxが存在して、それは存在しない」と言っているのと同じで、明らかな矛盾を含むんじゃない？

　これらの疑問に順番に答えておこう。まず「マイノング主義者は虚構のキャラクターの存在も、数の存在も認めない」というミノル君の発言について二点ほど述べておかなければならない。第一にマイノング自身は、数などの抽象的対象が、虚構のキャラクターなどとは違い、「**存立**」（Bestehen/subsistence）というある種の存在をもつと考えていた。しかし現代のマイノング主義者の多くは、存立という存在概念を認めない。ゆえにほとんどのケースにおいて、虚構のキャラクターも数も同じ扱いを受けることになる。ここではマイノング自身の哲学についてではなく、「マイノング主義」について論じているので、この点には目をつぶることにしよう。第二に、マイノング主義者たちの一部は、「**ある**」（there is）と「**存在する**」（exists）とを区別する。こうしたマイノング主義者たちにとって、虚構のキャラクターや数はあるが、存在しない。実はこれをどう捉えるのかは解釈が分かれると

ころである。つまりこの区別が虚構のキャラクターや数の存在への弱い意味でのコミットメントを含むと理解する論者もいれば、そうしたコミットメントを一切含まないと主張する論者もいる。どちらの言い分が正しいのかをここで検討することは控えるが、双方の論者とも、虚構のキャラクターや数を対象として、すなわち「非存在者」(non-existent objects) と呼ばれる対象として捉えることに関しては一致している。言い換えれば、彼らは「非存在者への量化」を認めており、明らかにこれは正統なクワイン主義からの逸脱である。（クワインが「非存在者への量化」を認めなかったことに関してはBox 3を参照。）

次に、ユイさんの疑問に関して一言述べておこう。先に指摘した通り、マイノング主義は「ある」と「存在する」とを区別し、なおかつ非存在者への量化を認める立場である。「ある」は通常の量化子"∃"で表現されることが多いが、これは「存在量化子」ではなく、「個別量化子」(particular quantifier) と呼ばれる[18]。したがって、"∃xFx"は、Fであるものの存在を含意しないとされる。他方、「存在する」は存在述語によって表現される（これを"E!"という記号で表すことにしよう）。存在述語を導入すれば、ミノル君が先ほどの例文（M）を述べた後に「そんなものは存在しないけどね」と付け加えたとしても矛盾は生じない。

　　（MN）村上春樹の『ノルウェーの森』の中に僕の嫌いなキャラクターがいるんだよ。まあ、現実にはそんなキャラクターなんて存在しないけれどね。

この翻訳は次の（MN*）である。

　　（MN*）∃x(xは村上春樹の『ノルウェーの森』の中のキャラクターである & 僕はxが嫌いである & ¬E!x)

ユイ　この（MN*）の最後に現れる"¬E!x"は「xは存在しない」と読まれるわけね。そうすると「……というxはあるけれど、存在しない」となって、明白な矛盾が生じることはないって言いたいわけね。

「存在しないものがある」という標語はマイノング主義を特徴づけるテーゼの一つとして知られる。「非存在者への量化」という言葉自体は少々難解に聞こえ

---

[18]　一切のコミットメントを認めない論者は、混同を避けるために新たな量化記号（たとえば"∃"の代わりに"Σ"など）を導入することがある。

たかもしれないが、この節の最初で述べた通り、これはわれわれの日常的な直観とかけ離れた考え方ではない。

ミノル そうかもしれない。だって、僕は幼いころサンタクロースが実際に存在すると思っていたけれど、少し大きくなるとそんなものは存在しないことが分かった。だから「世の中には、多くの子どもたちが信じているにもかかわらず、存在しないものもあるんだよ」と言われると妙に納得してしまう。

われわれはふだんの生活の中で、しばしば存在しないものについて思いを巡らせたり、それに好意を寄せたり、それに怯えたりする。もしこれらがすべて正しければ、「われわれの身の回りには多くの存在しないものがある」というのはある種の真理を表現しているようにも見える。マイノング主義はその表面的なラディカルさとは裏腹に、日常的思考とのたしかな親和性をもつのである。

3.3 新カルナップ主義

近年、非クワイン的なメタ存在論の一つとして脚光を浴びているのが「**新カルナップ主義**」(Neo-Carnapianism) と称する立場である。この立場はウィーン学団の論理実証主義者であり、クワインの師でもあったカルナップ (R. Carnap) の思想から直接的あるいは間接的に影響を受けたメタ存在論を指す。

ユイ カルナップは形而上学的問題の無意味さを説いてまわった哲学者よね。論理実証主義者と言えば、形而上学を哲学から葬り去ろうとしたことで知られているわ。

ミノル だとすれば、そんな哲学者にインスパイアされた新カルナップ主義者たちは存在論者の「敵」だよね。ついに反形而上学・反存在論陣営からの逆襲がはじまったのかな？

ここでは新カルナップ主義者の存在論的問いに関する見解をできるだけ公平な観点から抽出し、そのうえで聴き入れるべきことは聴き入れ、疑わしきはそれを指摘するという態度を取ることにしたい。たしかに（真面目な）存在論者にとっては耳の痛い話も登場するが、それを完全にシャットアウトすることは得策ではない。なぜなら、新カルナップ主義からの挑戦は、存在論的な問いの意味について考えることの重要性を再確認させてくれるからだ。これはまさに現代のメタ存

在論に求められていることだろう。

　前置きはこのあたりにして、新カルナップ主義の一般的な特徴を見ておこう。広く共有された理解によれば、クワイン主義者は存在論的な問いを、答える価値のある真面目な問いとして捉えるのに対し、新カルナップ主義者は、それについて懐疑的な姿勢を示す。なぜなら、彼らは存在論的問いの多くにはある種の混乱が見られると考えるからだ。こうした態度はしばしば「デフレ主義的」（deflationist）とも形容される。ここでのデフレ主義は、存在者のカテゴリーの数を少なくするという意味ではなく、存在論的問いそのものをできるだけ少なくするという意味で理解される。これは新カルナップ主義のネガティヴな特徴づけであるが、あえてポジティヴな特徴づけをすれば、新カルナップ主義者は、存在論的問いの意味の明確化を存在論の最重要課題と見なすと言えよう。

　新カルナップ主義を代表する哲学者ハーシュ（E. Hirsch）によれば、存在論的論争の多くは、世界のあり方に関わるものではなく、たんなる言葉に関する論争（verbal disputes）にすぎない。これは彼の「量化子変動」（quantifier variance）の原理から帰結するテーゼであるとされる。この原理は、量化表現（「ある」や「存在する」）の意味は言語によって異なることを説くものであるが、より一般的には「世界を記述する最良の言語がただ一つだけ存在するわけではない」ことを説く原理として理解される。[19]

　やや抽象的な話が続いたので、分かりやすい例でこれを解説しよう。先日ユイさんが、付き合っている彼氏とは別の男性と二人きりでお酒を飲んでいるところを目撃され、「君は浮気しているな」と彼氏に詰め寄られたとしよう。ユイさんは「私は浮気なんかしてない」と応えるが、彼氏は「君は浮気している」と譲らない。もちろんどちらか一方が間違ったことを述べている可能性もあるが、実は双方とも正しいことを述べていると考えることもできる。

ユイ　私の理解によると、「浮気」という言葉は、付き合っている男性（女性）とは別の男性（女性）と性的な関係をもつことを意味する。だから私は「浮気していない」と言ったのよ。だって私はその男性とその種の関係をもったわけじゃないから。

ミノル　ユイちゃんは進歩的だからね。多くの保守的な人間にとっては、二人きりで楽しくお酒を飲んでいる時点ですでに浮気が成立しているんじゃないの？　しかも、その男性はユイちゃんの手を握っていたという噂だよ。だから多くの人は、ユ

---

[19]　E. Hirsch, *Quantifier Variance and Realism*, Oxford University Press, 2011: xii–xiii.

イちゃんの彼氏の発言の方が正しいと考えるかもね。

　話が思わぬ方向に行ってしまったが、ここで本題に戻ろう。すでにお気づきのように、ユイさんとユイさんの彼氏とのあいだには、「浮気」という言葉の意味についての不一致が見られる。だからこそ議論は平行線をたどると言えよう。やや大袈裟に言えば、ユイさんの話す言語において、ユイさんは正しいことを述べており、ユイさんの彼氏は、彼の話す言語において正しいことを述べているのである。ほとんどの人は、この「浮気論争」が、ユイさんの行いに関するものではなく、たんなる言葉づかいに関する論争にすぎないと捉えるだろう。これと似たようなことが多くの存在論的論争についても言える、というのがハーシュの診断である。

　もう少し真面目な例を使って説明し直そう。ハーシュ自身が挙げる例は、**メレオロジスト**（mereologist）と**反メレオロジスト**（anti-mereologist）との論争である。[20] メレオロジストはどんな二つの対象についても、それらだけを構成要素とする一つの（複合的）対象が存在すると主張するのに対し、反メレオロジストはそうした対象の存在を否定する。具体的な事例を使えば、この対立は次のようなかたちで表現される。

　　（M）ミノルの鼻とエッフェル塔から成るものが存在する。（∃x(xはミノルの鼻から成る & xはエッフェル塔から成る））

　　（A）ミノルの鼻とエッフェル塔から成るものは存在しない。（¬∃x(xはミノルの鼻から成る & xはエッフェル塔から成る））

ミノル　メレオロジストは、どんな二つの対象についてもそれらから成る複合的対象が存在すると考えるので、（M）が真だと主張する。つまり、僕の鼻とエッフェル塔から成るヘンテコな対象の存在を認めるってわけだね。ところが反メレオロジストはそんな奇妙な対象の存在を認めないので、（A）が真だと主張する。

ユイ　両者の論争が言葉に関するものにすぎないというのは、（M）と（A）における「存在する」の意味がそれぞれ異なるってこと？

---

[20]　Hirsch 2011: Ch. 5. ここでの「メレオロジスト」は、第一講義で言及した「(メレオロジー的な) ユニヴァーサリスト」と同義である。

大雑把に言えば、そういうことである。メレオロジストの言語を「M言語」とし、反メレオロジストの言語を「A言語」とすれば、M言語における存在量化子（"∃"）と、A言語における存在量化子（"∃"）は互いに異なる意味をもつ。つまり量化子の意味は、言語に応じて変動する。これが「量化子変動」の基本的アイディアである。

ミノル　何だか「悪しき相対主義」って感じがするなあ。M言語を採用すれば、僕の鼻とエッフェル塔から成る対象が存在し、A言語を採用すればそんな対象は存在しないってことでしょ？

　ハーシュの肩をもつわけではないが、そうではない。ハーシュによれば、量化子変動の原理は、「ミノル君の鼻とエッフェル塔から成る対象が存在するか否かは言語の選択によって決定される」ことを含意するものではない。もしそうだとすれば、それはある種の「言語的観念論」に加担することになってしまう。つまり、異なる言語は異なる世界を作り出すという「悪しき相対主義」に。そうではなく、量化子変動の原理が含意するのは、言語の選択によって、「存在する」という言葉の意味が決定されるということのみである。したがってこの原理は、「われわれの言語や思考とは独立に世界が存在する」という意味での実在論と衝突するわけではない、とハーシュは主張する。

ユイ　ちょっと腑に落ちないわね。そもそも「存在する」の意味って何なのよ？ 言語によって存在量化子の意味が変動するって言うけれど、どのように変動するわけ？

　直球の質問である。これについてハーシュが部分的に述べていることを、僕なりに敷衍して解説してみよう。まず「存在する」の意味は、それが属する言語の中での振る舞いによって決定される。それは論理結合子の意味とよく似ているかもしれない。たとえば「かつ」（&）の意味とは何かと問われたとき、われわれは何かを実際に指さしてその意味を示すことはできない。（「「ヨシオ君の鼻」の意味は？」と問われたときは、ヨシオ君の顔の中央に隆起する物体を指せばよいが、「かつ」に関してこうしたことはできない。）一番良いのは、その意味を真理条件に訴えて説明することである。つまり、「PかつQ」が真であるのは、「P」と「Q」が

ともに真である場合、かつその場合に限る。ゆえに「……かつ……」は、「……」という二つの空所に真なる命題を入力した場合にのみ真という値を出力する。これが「かつ」の意味に他ならない、と。言い換えれば、「かつ」の意味は、それを語彙として含む論理的言語内の振る舞いによって決定されるのである。これと似たことが「存在する」に関しても成り立つというわけだ。たとえばある言語においては、「ユイは学生である」（"Fa"）から「学生であるものが少なくとも一つ存在する」（"∃xFx"）を導けたり、「学生は存在しない」（"¬∃xFx"）から「すべてのものは学生でない」（"∀x¬Fx"）が導けたりするが、こうした論理的振る舞いこそが、その言語における「存在する」（"∃"）の意味だと捉えるわけである。もちろんこれは「存在する」の分析的定義ではない。すなわち「存在する」は、それよりも単純な他の概念に分解（分析）されて定義されるわけではないことに注意したい。

次に、「存在する」の意味の変動について解説しておこう。先ほどの例（M）「ミノルの鼻とエッフェル塔から成るものが存在する」と（A）「ミノルの鼻とエッフェル塔から成るものは存在しない」において、「存在する」の意味がそれぞれ異なると述べたが、これは「存在する」の論理的振る舞いが、（M）の属するM言語（メレオロジー言語）と、（A）の属するA言語（反メレオロジー言語）とでは異なるからである。ハーシュはこれを両言語の「意味論的規則」（semantic rules）の違いによって説明する。簡単にまとめると次のようになろう（Hirsch 前掲書、72頁）。

■ M 言語の意味論的規則
　「aとbから成るものが存在する」は真である ⇔ 表現「a」と表現「b」はともに何かを指示する

■ A 言語の意味論的規則
　「aとbから成るものが存在する」は真である ⇔ 表現「a」と表現「b」はともに何かを指示する & それらの指示対象はある特別な仕方で結合している

「ミノルの鼻」と「エッフェル塔」はともに何らかの対象を指示する表現だと仮定しよう。M言語の意味論的規則に従えば、メレオロジストの主張（M）「ミノルの鼻とエッフェル塔から成るものが存在する」は真である。つまり（M）は、そうした意味論的規則を含むM言語において真である。ところが同じ文（M）

はA言語において偽となる。なぜなら、A言語の意味論的規則に従えば、"a"と"b"の指示対象から成る複合的対象の存在が認められるためには、それらの対象のあいだに何らかの特別な結合関係が成立している必要があるからだ。[21]「ミノルの鼻」と「エッフェル塔」がともに指示表現であると仮定したとしても、ふつうに考えれば、それらが指示するミノルの鼻とエッフェル塔とのあいだには何の特別な関係もない。つまり（M）はA言語の意味論的規則に抵触してしまうのである。これより、（M）ではなく、（A）「ミノルの鼻とエッフェル塔から成るものは存在しない」がA言語において真となる。

　「存在する」の意味の変動については分かっていただけただろうか。M言語における存在量化子の意味は、その意味論的規則を変更することによって変動する。それがA言語における存在量化子である。A言語はわれわれの日常言語に近いので、むしろA言語の意味論的規則を変更すること（「特別な結合」に関する条件を撤廃すること）によって、M言語という新たな言語（ある哲学共同体の言語）が生まれると述べた方がよいかもしれない。こうした意味変動を明示するには、M言語における存在量化子は"∃$_M$"、A言語における存在量化子は"∃$_A$"などと添え字付きで表記する必要があるだろう。それはともかく、量化表現（「ある」や「存在する」）の意味は複数あるにもかかわらず、それらを混同することから不毛な存在論的論争が生じるというハーシュの診断はある意味で説得的である。このように考えると、メレオロジスト vs. 反メレオロジストの論争は、「浮気」をめぐる論争と同様に、たんなる言葉の使用に関するものであるようにも見えてくる。

　しかしながら、僕自身はこうした新カルナップ主義者の立場にある不満を抱いている。というのも、この立場は、複数の言語の中からある言語を選択することについてほとんど何も語ってくれないからである。素朴な観点に立てば、世界にはかくかくのカテゴリーに属するものが存在し、それらがある仕方で関係し合っているがゆえに、われわれはそれを最も忠実に記述しうる言語を選択すると考えられる。だが、新カルナップ主義が正しければ、「世界はこうした構造を実際にもつがゆえに、それを反映するこちらの言語の方がベターである」と述べること

---

[21] ただし、第一講義でも指摘したが、この「特別な結合関係」が正確に何であるのかを決めることは難しい。直観的には空間的な接触関係が有力な候補として挙げられるが、私のパソコンが机と接触しているからといって、パソコンと机から成る一つの複合的対象が存在するとは考えにくい。他方で、太陽と他の惑星たちは空間的に接触しているわけではないが、「太陽系」と呼ばれる一つの複合的対象を形成するように見える。こうした困難を理由に、一切の複合的対象の存在を認めない「ニヒリズム」を支持する哲学者もいれば、同じ理由により、どんな複合的対象も容認する「ユニヴァーサリズム」（ここでは「メレオロジズム」）を支持する哲学者もいる。

自体、無意味になってしまう恐れがある。むろん新カルナップ主義者はそうした疑問を意に介さないだろう。彼らにとって、存在論的に特権視されるような言語は存在しないからだ。そうした言語（しばしば「存在論語 Ontologese」と呼ばれる）を想定することは、軽蔑的な意味での「存在論的実在論」（ontological realism）に加担することに他ならない。

なお、こうした立場にインスピレーションを与えたカルナップ自身の見解についてはBox 5を参照してほしい。

Box 5　カルナップと存在論

　新カルナップ主義者たちの思想的源泉の一つは、カルナップが1950年に発表した論文「経験主義、意味論、および存在論」にある*1。広く流布したイメージによると、カルナップは形而上学ないし存在論を目の敵にする論理実証主義者である。このイメージはあながち間違いではないが、当の論文を読めば事柄はそれほど単純ではないことが分かる。たしかにカルナップは、あるタイプの存在論的問いについて懐疑的な態度をとったが、存在論に関するすべての問いを無意味だと考えたわけではない。以下ではしばしば引き合いに出される存在論的問いの区別、すなわち「内的問い」と「外的問い」との区別に焦点を当てながら、このことを論じてみたい。

　カルナップ自身は次のような仕方でこの区別を導入する。

　　もし誰かが自らの言語で新たな種類の存在者について語りたいと思うならば、新しい諸規則に従う新しい語り方の体系を導入しなくてはならない。われわれはこの手続きを、当の新たな存在者のための言語的フレームワーク（linguistic *framework*）の構築と呼ぶことにする。ここで存在に関する二種類の問いを区別しなければならない。第一のものは、フレームワークの内部における（within the framework）新たな種類の存在者の存在についての問いであり、それらは内的問い（internal questions）と呼ばれる。第二のものは、存在者全体の体系の存在あるいは実在性についての問いであり、それらは外的問い（external questions）と呼ばれる。内的問いとそれらへの可能な答えは新しい形式の表現の助けを借りて定式化される。答えの方は、そのフレームワークが論理的なものであるのか、それとも事実的なものであるのかに応じて、純粋に論理的な方法か、または経験的な方法によって見出すことができよう。外的問いは、さらに綿密な吟味を必要とする問題含みの（problematic）性格をもつ」（Carnap 1956: 206, 邦訳255頁）。

「内的問い」とはフレームワークに対して内的な問いを、「外的問い」とはフレームワークに対して外的な問いを意味する。「フレームワーク」とは、この引用の中にも示されているように、ある規則に従う言語表現の体系（the system of linguistic expressions）を指す。カルナップ自身は、物、数、命題、性質などの体系を具体的なフレームワークの例として挙げているが、大雑把に言えば、それらは語彙、文の形成規則、意味論的規則等から成る言語体系である。たとえばわれわれの日常言語は、中間サイズの物質的対象を含む物（things）のフレームワークをもつ。たとえば次の（1）は、そのフレームワークにとって内的な問いとされる。

　（1）机の上に白い紙切れは存在するのか。

　この（1）のような内的問いについては、経験的な探求によってその答えを見出すことができる。すなわち「白い紙切れ」で指されているものを、ある時空位置に経験的な仕方で特定することに成功すれば、（1）に関して肯定的な答えを得ることができる。これに対し（2）の問いはどうだろうか。

　（2）物（物質的対象）は存在するのか。

　この問い（2）をフレームワークに対する外的問いとして解するとき、われわれは物の世界それ自体の存在あるいは実在性を問っていることになる。ところがカルナップによれば、この問いに科学的な（理論的な）仕方で答えることはできない。なぜなら、カルナップ自身の言葉を借りれば、「科学的な意味で実在的であるとは、体系の一要素であることを意味し、したがってこの概念〔実在性〕を有意味な仕方で体系それ自体に適用することはできない」（Carnap 1956: 207、邦訳 256 頁）からである。むろん（2）を物のフレームワークに内的な問いとして理解することもできよう。しかしその場合、（2）への答えは自動的に「イエス」となる。というのも、われわれはすでに物のフレームワークを前提しているからだ。こうして内的問いとしての（2）は、まったくトリヴィアルな問いだとされる。これと同様の分析が、数のフレームワーク等についてもなされる。たとえば数のフレームワークを受け入れ、「100 よりも大きな素数は存在するのか」と問うとき、われわれは内的問いを相手にしている。この問いへの答えは、経験的な探求（観察）によってではなく、フレームワークの規則にしたがった論理的な探求によって見出される。ゆえにその答えは分析的に、あるいは論理的に真であるとされる。これに対し「数は存在するのか」という外的問いは、先ほどと同じ理由により理論的な問いたりえない。他方、それが内的問いとして理解された場合には、分析的かつトリヴィアル

な仕方で答えることができる。なぜなら先の問いへの答え「100よりも大きな素数は存在する」から「数は存在する」はトリヴィアルに帰結するからである。後者は数のフレームワークが空でないと述べているに等しいのである。

　さて、カルナップにおいて外的問いは一掃されてしまったのだろうか。先に引用した長いくだりの最後で、外的問いについて言われる「さらに綿密な吟味を必要とする問題含みの性格」を少し掘り下げて考えてみたい。興味深いことに、カルナップは外的問いを、理論的ではなく、実践的（実用主義的 practical）な問いとして位置づけようとした。つまり外的問いはどの言語的フレームワークを選択するのかという決定（decision）に関する問題だと見なされたのである。だが、カルナップの言う理論的／実践的の区分はそれほど截然としたものには見えない。カルナップが「物言語」（the thing language）の選択について述べたくだりを検討してみよう。（ちなみにカルナップは、物言語と、当時流行した「感覚与件言語（現象主義的言語）」とのあいだの選択を念頭に置いている。）

> 　物言語を受け入れるという決定それ自体は認識的な性格をもつわけではないが、それでも通常は理論的知識の影響を受けるものであろう。〔……〕物言語を使用することの効率性（efficiency）、効力（fruitfulness）、単純性（simplicity）はその決定因子のうちに含まれるかもしれない。そして、これらの性質に関する問いはたしかに理論的な性格をもつ。しかしこれらの問いを実在論の問いと同一視することはできない。それはイエスかノーかで答える問いではなく、程度を許容する問いである（Carnap 1956: 208、邦訳257頁、強調は引用者による）。

　カルナップ本人が認めているように、実践的と見なされるフレームワークの選択には、様々な理論的因子が混入する。一般的な科学的知識は言うに及ばず、それらの因子の中には、現代では「理論的美徳」と呼ばれる、効率性や単純性といった基準も含まれる。また、フレームワークの選択に関する問いへの答えが「程度差を許す」ものであったとしても、そのことをもって問いが理論的ではないと断じるのは難しい。とはいえ、次のように続けるカルナップは基本的には間違っていない。

> 　慣習的な形式における物言語は、日常生活の多くの目的にとってたしかに大変効率よく働く。これは事実問題であり、われわれの経験内容にもとづいている。しかしながら、この状況を次のように述べて記述することは誤りだろう。すなわち「物言語の効率性という事実が、物の世界の実在性の確証する証拠である」と。そうではなく、むしろわれわれは次のように言うべきである。「この事実は物言語を受け入れることを望ましく（advisable）する」と

（同頁、強調は引用者による）。

　カルナップの言う通り、物言語が効率的であるからといって、そのことから物の世界の存在ないし実在性が確証されたことにはならない。しかしながら、もし物言語が、感覚与件言語とほぼ同等の表現力や説明力を有するとすれば、効率性を根拠に物言語のフレームワークを「より良いもの」として選択することは、われわれの理論選択としてごく自然なことではなかろうか。この見方が正しければ、カルナップの引いた理論的／実践的の境界線はそれほど自明ではないことになる。「擬似的な問いでなければ、たんに実践的な問いにすぎない」とされた外的問いの中にも、つねに理論的因子が混入してくる可能性は十分にあると考えられる。

　最後にクワインとの関係について一言述べておこう。上で述べたのは僕自身の「私見」であるが、一般的に指摘されてきた困難は、言うまでもなく、カルナップによる分析的／綜合的の区別である。存在論に関するカルナップの見解が長らく日の目を見なかったのは、分析性をめぐるクワインとの論争に敗北した（と見なされた）ことと無関係ではなかろう。カルナップは従来の分析性の概念にもとづき、多くの存在論的問いへの答えが、フレームワーク内の語の意味と規則から分析的に導き出されると考えたのに対し、クワインが「経験主義の二つのドグマ」で主張したのは、ごく大雑把に言えば、あらゆる真理に関して、語の意味と世界に関する事実という二つの要素が責任をもつということに他ならない。つまり言語的要素のみから、あるいは事実的要素のみから真理を説明することはできないとクワインは説いたのである。むろん分析的真理といえどもその例外ではない。（詳細については、飯田隆『言語哲学大全』II、意味と様相（上）、勁草書房、1989年、第3章による洞察に富んだ解説を参照してほしい。）クワインの主張が正しければ、カルナップの見解――存在論的問いへの答えは、言語的フレームワークのみから帰結する分析的真理である――は極めて疑わしいものになる。こうした理由により、クワインとその支持者たちは、内的問いと外的問いとの根本的な区別を認めなかったのである。

　近年のカルナップ主義者たちは、分析性についての論争が存在論に与える影響を限定的なものと捉え、カルナップの見解を蘇らせようとしている。また、分析性に関する不一致とは異なり、存在論に関してはカルナップとクワインとのあいだに真の対立はなかったという興味深い解釈も登場している[*2]。われわれはこれ以上立ち入って検討することを断念するが、いずれにせよ、カルナップとクワインとの関係を再検討することは、現代存在論の重要な課題の一つになりつつあると言えよう。

　　*1　この論文は若干の修正を伴って、『意味と必然性』の付録に再録されている。
　　　"Empiricism, Semantics, and Ontology", in *Meaning and Necessity: A Study in Semantics*

and Modal Logic, Enlarged Edition, University of Chicago Press, 1956, Supplement A: 205–221. 永井成男他訳『意味と必然性』、紀伊国屋書店、復刊版、1999 年を参照。）
* 2　M. Eklund, "Carnap's Metaontology", *Noûs* 47: 2, 2013: 229-249.

まとめ

- 存在論的探求の出発点は「世界についてのわれわれの語りと思考」に求められる。

- 現代存在論の標準的な方法は、クワインの存在論的コミットメントの基準（「存在するとは変項の値であることである」）にもとづく。これに従えば、「何が存在するのか」という問いは、「われわれの承認する理論がどんな種類の存在者にコミットしているのか」という問いとして理解される。

- クワイン的方法は、①理論を構成する文を一階述語論理の言語で翻訳し、その量化構造を明らかにしたうえで、②存在論的コミットメントを取り出し、③当該理論がコミットする対象の存在を額面通り受け入れる、という手続きとしてまとめられる。

- ある理論の一部を成す文が、望ましくない対象へのコミットメントを含む場合、そうしたコミットメントを含意しない文への書き換えが行われる。これは「パラフレーズ」と呼ばれる手法である。パラフレーズはクワイン的方法の一部を成す手法であるが、いくつかの問題点も指摘されている。

- またクワイン的方法は「理論選択」をその一部として含む。一般的に、適切な理論の選択は一群の「理論的美徳」（単純性、説明力など）にもとづいてなされる。存在論の適切さを評価する際にも、そうした美徳は重要な役割を果たしている。

- 近年、クワインの標準的方法に対立する「非クワイン的メタ存在論」が盛んに議論されている。虚構主義は、文（理論）の存在論的コミットメントを額面通りに信じる必要はないと説き、マイノング主義は、量化と存在論的コミットメントとの結びつき自体を否定する。他方、新カルナップ主義は、存在量化子の意味は言語によって異なると主張し、クワイン主義が前提する「存在の一義性」に根本的な疑問を提出する。

第三講義
カテゴリーの体系
——形式的因子と形式的関係

　存在論の最大の課題は、「何が存在するのか」という問いに一つのもっともらしい答えを提供することである。それは存在者のカテゴリーをリストアップすることを要求するという意味で、「**存在論とはカテゴリー論である**」と言うことができる。すでにわれわれは第一講義の中で、個々の学問領域に固有のカテゴリーを扱う**領域的存在論**と、それらの領域に中立的なカテゴリーを扱う**形式的存在論**との区別等に言及しながら、カテゴリー論としての存在論の一端を解説したつもりである。だがそこでは「カテゴリーはどのように個別化されるのか」、「異なるカテゴリーはどのように関係しあうのか」といった問いは手つかずのままであった。この第三講義では、**形式的因子**および**形式的関係**という概念を軸にして、これらの問いをやや詳細に検討することにしたい。

1　カテゴリーと形式的因子

1.1　カテゴリーの個別化——形式的因子

　一般的に、カテゴリーのリストに求められるものとは何だろう。第一に、存在論が「存在するものについての一般的学」を標榜するのであれば、そのリストは**網羅的**（exhaustive）ないし**包括的**（comprehensive）でなければならない。つまり存在するものであれば、リストに記載されたいずれかのカテゴリーに属さねばならない。第二に、（同じ階層にある）カテゴリーは互いに**素**（disjoint）でなければならない。たとえば「抽象的対象」と「具体的対象」という二つのカテゴリーが、ある体系の中で同じ階層に位置するとき、ある存在者が同時に「抽象的対象」と「具体的対象」に属することがあってはならない。（むろん二つのカテゴリーが従属関係に立つとき、下位のカテゴリーに属する対象は同時に上位のカテゴリーにも属する。）第三に、カテゴリーは何らかの原理に沿って**体系的**に個別化されなければならない。

第一の要求は、それが実現されるか否かは別として、しごく当然のものと言える。同様に、第二の要求も比較的明らかである。しかし第三の要求については、それほど明白とは言えない。いまから検討したいのは、この第三の要求、すなわち「カテゴリーの体系的な個別化」に関する要求である。

ユイ　かなり抽象的でとっつきにくそうな話が始まりそうね。

ミノル　そもそも「個別化」という言葉自体がよく分からないんだけど……。

　見かけほど難しい話ではないので安心してほしい。また、初学者がつまずきそうなところでは必ず具体例を入れることにしよう。「個別化」（individuation）というあまり聞き慣れない用語が登場したが、その意味はいたって単純である。「個別化する」とは、あるものを一つのものとして、他のものから区別することを指す[1]。したがって「カテゴリーの個別化」とは、ある存在者のグループを一つのカテゴリーとして、他のカテゴリーから区別することを意味する。

　カテゴリーの体系的な個別化にとって重要な役割を果たすのは「形式的因子」（formal factors）と呼ばれる存在論的概念である[2]。しばしば形式的因子はカテゴリーと混同されてしまうが、両者ははっきりと区別されなければならない。あくまでも形式的因子は、カテゴリーの境界を画定する高次の属性、すなわち一つのカテゴリーを他のカテゴリーから差別化する属性として捉えられる。

　簡単な事例を使ってこれを説明しよう。よく目にするカテゴリー体系において、存在するものは「具体的対象」と「抽象的対象」という二つのカテゴリーに区分され、さらに「具体的対象」は「物」（物質的対象）と「プロセス」という二つの下位カテゴリーに分岐する（図1）。こうしたカテゴリーの個別化はいったい何にもとづくのか。

　第一の個別化は、時空間に位置をもつという形式的因子にもとづいて説明される。つまり、当該の形式的因子をもつ存在者は「具体的対象」というカテゴリーに属し、それをもたない存在者は「抽象的対象」に属するとされる。第二の個別

---

[1]　しばしば「個体化」と訳されるが、いわゆる「個体」（individuals）以外にも適用される一般的概念であるため、この講義では一貫して「個別化」という訳語を用いることにした。
[2]　形式的因子ないし因子に関して日本語で読める文献は、サイモンズ（P. Simons）「四つのカテゴリー——そしてもっと」（秋葉剛史訳、T. E. タフコ編『アリストテレス的現代形而上学』、加地大介他訳、春秋社、2015年、第8章）である。この概念は、ポーランドの哲学者インガルデン（R. Ingarden）の「存在的モメント」（existential moments）に由来する。

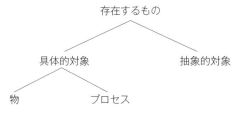

図1　よく見られるカテゴリー体系

化は、時間的部分（temporal parts）をもつという形式的因子にもとづいて説明される。この形式的因子をもつ存在者は「プロセス」というカテゴリーに属するのに対し、そうでない存在者は「物」に属する。この第二の個別化を図示すると図2のようになる。（図2では形式的因子をもつことを「＋」で、もたないことを「－」で表現する。）

		形式的因子	
		時空間位置	時間的部分
カテゴリー	物	＋	－
	プロセス	＋	＋

図2　形式的因子とカテゴリー

　すでに第二講義の中でも触れたように、時間的部分をもつ存在者の分かりやすい例は、サッカーの試合や楽曲の演奏である。前者は「前半」、「ハーフタイム」、「後半」といった時間的部分から成る存在者であり、後者は「第一楽章の演奏」、「第二楽章の演奏」といった時間的部分から成る存在者である。両者とも、存在する任意の時点でその全体が現れることはない。すなわちサッカーの試合はそれが存在するいずれの時点をとってもそのすべては現れておらず、楽曲の演奏にしても同様である。これに対し、「物」に属する存在者は時間的部分をもたない。[3] サッカーボールやヴァイオリンといった物は複数の空間的部分から成るが、いま

---

[3] これに異議を唱える立場（「四次元主義」）に関してはⅡ巻第一講義で検討する。

述べた意味での時間的部分をもつとは見なされない。つまり、それらは存在する任意の時点において余すことなく現れている。

ミノル でもさあ、僕の目の前にある机は、現時点でそのすべてが余すことなく現れていると言えるのかな？　以前に受けた哲学の講義では、目の前の机はその一部しか現れていないことが強調されていたけど。

　そうした見方は「近代哲学の負の遺産である」と言ったら袋叩きにあいそうだが、ややポイントを外している。たしかにわれわれに見えているのはその机の一部分であるが、そのことから「見えていない部分は現れていない」あるいは「存在しない」と主張するのは相当の懐疑主義者である。この議論に深入りすることは控えておくが、その種の主張をする哲学者は、物の存在がわれわれの知覚ないし感覚に依存しているという立場をとる。ここでの議論はそうした「観念論的」立場とは無縁であることを断っておきたい。

　少し脱線してしまったが、話をもとに戻そう。先ほど検討した事例において重要なことは、「物」と「プロセス」というカテゴリーが、与えられた二つの形式的因子（およびそれらの否定）の組み合わせによって個別化されたという点である。つまり、それらのカテゴリーは、恣意的な仕方ではなく、ある原理に従って個別化された。しばしばカテゴリーのリストが「体系」と呼ばれる理由の一つは、こうした個別化の方法にある。

1.2　存在論的スクエア

　すでにアリストテレスは『カテゴリー論』の中で、形式的因子にもとづくカテゴリーの個別化を行っている[4]。そこで用いられたのは、(a) **基体について語られ**

---

[4]　中畑正志訳『カテゴリー論』（『新版アリストテレス全集1』、岩波書店、2013年）を参照。ただし、訳者による「『カテゴリー論』解説」の中でも指摘されているように、アリストテレスの注釈という観点から見れば、われわれが用いる「カテゴリー」という用語はややミスリーディングであると言えよう（註24、292頁）。しかしながら、ここで検討される『カテゴリー論』第二章における四分類が、存在するもの（あるもの）の包括的分類である（と称される）以上、それらを「（存在の）カテゴリー」と呼ぶことに致命的な誤りがあるようには見えない。実際、現代存在論者たちの多くは、よく知られた十個のカテゴリーよりも、この四分類を重視する傾向にある。なお十個のカテゴリーとは、「実体」、「質」、「量」、「関係」、「場所」、「時」、「体位」、「所有」、「能動」、「受動」である。これらは日常言語における疑問詞を用いた問い（「何であるか」（what?）、「どのようであるか」（how?）、「どれだけか」（how much?）、「どこにあるのか」（where?）、「いつなのか」（when?）など）への答えと深く関係している。

る、(b) 基体のうちにあるという二つの形式的因子である[5]。やや難解に聞こえる用語だが、「基体」とは、ある文を用いて何かを述べる際にその前提とされるものを指す[6]。具体例を挙げよう。「ソクラテスは人間である」という文において、「人間である」と述べる際にその前提とされるものはソクラテス本人である。つまりソクラテスという個別的な人間が、人間という種に対する基体となる。しかし、基体そのものは特定の存在論的カテゴリーに属するものではない。なぜかと言えば、「人間は動物である」という文においては、人間という種が、動物という種（類）に対する基体となるからである。ゆえに基体は、それについて述べられるものと相対的に決まると言えよう。ほとんどのケースにおいて基体は、文の主語の位置にくる名辞によって表現されるため、たんに「主語」（subject）と訳されることもあるが、基体は言語的対象ではないため明らかにミスリーディングである。

必要な解説をもう少しだけ加えておこう。形式的因子 (a)「基体について語られる」における「x は y について語られる」とは、x が y の何であるかを規定する関係として理解される。たとえば「人間はソクラテス（この人間）について語られる」と言われるとき、人間（という種）がソクラテスの何であるかを規定する。また形式的因子 (b)「基体のうちにある」という概念については、アリストテレス学者たちのあいだでさえ解釈の一致を見出すことは困難だとされるが、ここでは「伝統的解釈」に従って次のように理解しておこう[7]。「x が y のうちにある」という関係は、x は y の部分としてではなくそれに帰属し、かつ x は y から離れて存在しえないことを意味する。たとえば「この白さはこの壁のうちにある」と言われるとき、この白さはこの壁の部分ではない仕方でそれに帰属し、かつこの白さはこの壁から離れて存在することができないことを意味する。すなわち、この白さはその存在をこの壁に依存しており、他のものにおいてこの白さが実現することはない。ゆえに、この白さはこの壁に固有の性質である。

本題に戻ろう。ここで強調されるべきは、アリストテレスが二つの形式的因子およびそれらの否定形を用いて、体系的に四つの基本カテゴリー（存在の基礎的分類）を導き出した点である。「存在論的スクエア」呼ばれるダイヤグラムはこ

---

[5] 中畑の新訳においては、「基体」（「ヒュポケイメノン」）は「基に措定されたもの」と訳されている。できればこの新訳を採用したかったが、分かりやすさに配慮して断念した。なぜかくも「ぎこちない」訳語が必要であったのかに関しては、訳者による補注 B の中で納得のいく説明が与えられている（90–91頁）。
[6] アリストテレス前掲書、90頁。
[7] この解釈論争については中畑による補注 C を参照してほしい（前掲書91–95頁）。この補注は、「トロープ」と呼ばれる個別的性質に関心をもつ現代の論者にとっても刺激的な内容を含んでいる。

うしたカテゴリーの個別化を図示するものである[8]（図3）。

	（b−）基体のうちにない	（b+）基体のうちにある
（a−）基体について語られない	（I）個別的実体（第一実体） （a−）＆（b−） 例：この人間	（III）個別的付帯性 （a−）＆（b+） 例：この白さ
（a+）基体について語られる	（II）普遍的実体（第二実体） （a+）＆（b−） 例：人間	（IV）普遍的付帯性 （a+）＆（b+） 例：白

図3　存在論的スクエア

　このダイヤグラム（図3）の見方を解説しよう。四角形の外側に記されている（a＋）「基体について語られる」、（a−）「基体について語られない」、（b＋）「基体のうちにある」、（b−）「基体のうちにない」は二つの形式的因子とそれらの否定を表す。これらの因子の組み合わせによって、四角形の内側にある升目（I）から（IV）の四つのカテゴリーが個別化される。それらを順番に説明しておこう。

　まず左上（I）の升目は（a−）と（b−）との組み合わせによって個別化される。これは「個別的実体」ないし「第一実体」という名称で知られるカテゴリーを表す[9]。このカテゴリーに属する存在者は、この人間（ソクラテス）やこの机といった個体である。ソクラテスは他の存在者（基体）について語られるものではないし、他の存在者のうちにあるものでもない。つまりソクラテスは、人間や動物といった種とは異なり、他のものの何であるかを規定するものではなく、またこの壁のこの白さなどとは異なり、他のものに依存して存在するものでもない。

　次に、ダイヤグラム左下の升目に入る（II）「普遍的実体」（第二実体）は、（a＋）と（b−）との組み合わせによって個別化される。人間や動物といった種ないし類はこのカテゴリーに属する。アリストテレス自身の用語ではないとはいえ、これが「普遍的」と称されるのは、こうした種（類）は、複数のもの（基体）につ

---

[8]　「存在論的スクエア」はアンジェレッリの用語である（I. Angelelli, *Studies on Gottlob Frege and Traditional Philosophy*, D. Reidel Publishing Company, 1967: 12.）。

[9]　「実体」は「ウーシアー」の訳語である。中畑による新訳では「本質存在」と訳されている。この理由については訳者による補注Eで詳しく説明されている（前掲書95–98頁）。なお「個別的実体」および「普遍的実体」は『カテゴリー論』における術語ではない。むしろ前者は「第一実体」（第一の本質存在）、後者は「第二実体」（第二の本質存在）と呼ばれる。

いて、その何であるかを規定するからである。たとえば人間という種は、ソクラテスやプラトンが何であるのかを述べる。同様に、動物という類は、人間や馬という種が何であるのかを述べる。それらが「実体」（本質存在）と呼ばれるのはなぜか。アリストテレス自身の言葉を借りると、「〈類〉と〈種〉だけが第一の本質存在〔個別的実体〕のあり方を明確に示すからである」（アリストテレス前掲書、24頁）。たしかに最も本来的な意味での実体（本質存在）は、この人間やこの馬といった個別的実体であるとはいえ、類や種は、白いや走るといった属性とは異なり、個別的実体の本質を述べるという意味において「実体」（本質存在）という名に相応しいとされる。さらに言えば、この人間にせよ、この馬にせよ、すでに人間という種に属するものとして、馬という種に属するものとして個別化されていることに注意しなければならない。この意味においても、類や種は「実体」の名に値すると言えよう。[10]

　類や種が「基体のうちにない」ことは次のように理解すればよい。人間という種は、個々の人間（たとえばソクラテスやマイルス・デイヴィス）を基体として、それらについて語られるが、ソクラテスやマイルス・デイヴィスが消滅したとしても存在し続けることができる。したがって、種は基体のうちにあるわけではない。

　続いてダイヤグラム右上の升目に入る（Ⅲ）「**個別的付帯性**」の話に移ろう。このカテゴリーは（a −）と（b ＋）という形式的因子によって個別化される。つまりこのカテゴリーに属する存在者は「基体について語られず」かつ「基体のうちにある」。典型的な例として、アリストテレスはこの白さといった「個別的性質」を挙げている。まず、こうした性質は、それをもつ存在者の何であるかを規定するものではないし、複数の存在者について述べられるものでもない。たとえば目の前にいるオードリー・ヘップバーンの白さは、彼女の本質を規定するものではない。オードリー・ヘップバーンが日焼けをしてその白さを失ったとしても、彼女は存続することができるからである。次に、こうした性質は特定の存在者に依存する。先ほどの例を使えば、オードリー・ヘップバーンのその白さは、オードリー・ヘップバーンなしに存在することはできない。したがって、その白さはオードリー・ヘップバーンという基体のうちにあると言われる。いわばそれ

---

[10] 興味深いことに、アリストテレスは「〈類〉よりも〈種〉の方がより多く本質存在〔実体〕の資格を備えている」と述べる（22頁）。その理由は「〈種〉の方が第一の本質存在〔個別的実体〕により近いからである」（同頁）。こうした考え方は現代の分類学（生物学における種理論）にも受け継がれているように思われる。なぜなら、多くの分類学者は、サルといった高次タクソン（分類群）よりも、ニホンザルといった種の方がより実在的だと考えるからである。論者の中には、種よりも高次のタクサは実在性をもたない（あるいは存在しない）と主張する者もいる。

は彼女の固有の白さである。「付帯性」とは、そうした依存的存在者を指す。

最後に、ダイヤグラム右下の升目に入る（IV）「普遍的付帯性」について一言述べておこう。このカテゴリーを個別化するのは（a＋）「基体について語られる」および（b＋）「基体のうちにある」という形式的因子である。白や走るといった普遍的性質はこのカテゴリーに属する。たとえば白は、オードリー・ヘップバーンがもつ特定の白さが何であるかを規定する。この意味で基体（オードリー・ヘップバーンの白さ）について語られる何かである。またそれは、この白さといった個別的付帯性とは異なり、複数の存在者に当てはまるという意味で普遍的なものである。ただ厄介なのは、こうした普遍的付帯性が「基体のうちにある」ことの解釈である。文字通りにとれば、白はその存在を特定の白さに依存していることになるが、オードリー・ヘップバーンの白さが消滅したとしても、別の特定の白さが存在しさえすれば、白は存在し続けるように思われる。したがって白は特定の基体のうちにはないように見えるのである。僕の勝手な見方では、この困難は「うちにある」という依存関係が十分にきめ細かく捉えられていないことに起因する。だがこの問題に深入りするのは避け、ここでは白は何らかの白さを離れて存在することはできない、つまり「白が存在するのであれば、必ず何らかの（個別的な）白さも存在する」と理解しておこう。

「存在論的スクエア」に関してはこのあたりで解説を終えよう。最後に、重要な点をもう一度だけ確認しておきたい。存在論者は、カテゴリーを思いつくままに挙げていくのではなく、ある原理に従ってリストアップする必要がある。そうした方法の「理想形」を、われわれはアリストテレスの「存在論的スクエア」に見出すことができた。それは形式的因子の組み合わせによる四つの基本カテゴリーの体系的な個別化に成功している。

なお、こうしたやり方は、20世紀ポーランドの哲学者インガルデンの存在論にも見出すことができる。インガルデンは「存在的モメント」と呼ばれる複数の依存関係を形式的因子として設定し、それらを組み合わせることによって、多種多様な存在論的カテゴリーを導き出した。それらのカテゴリーの中には、伝統

---

[11] a の β への依存関係を、「a が存在すれば必ず特定の β も存在する」と理解するならば、白が個別的な白さに依存すると主張することには無理があるように見える。しかしそれを「a が存在すれば必ず、β である何らかの x が存在する」と理解すれば、白は個別的な白さに依存すると言えるだろう。なぜなら白が存在すれば、必ず個別的な白さであるような x が存在すると考えることに無理はないように見えるからだ。前者の依存関係は「固定的依存」、後者の依存関係は「類的依存」と呼ばれる。詳しくは鈴木生郎ほか『ワードマップ現代形而上学』（新曜社、2014年）の第7章および第8章を参照。

[12] R. Ingarden, *Der Streit um die Existenz der Welt*, Bd. I, Existentialontologie, Niemeyer, 1964. とりわけ

的存在論が適切に分類することのできなかった「志向的対象」を包摂するものも含まれている。さらに、この方法は、現代の存在論者トマソン（A. Thomasson）によっても応用されている。[13]

2 形式的関係

この第三講義の後半では、「体系的に個別化された諸カテゴリーは互いにどのような関係に立つのか」という問いが考察される。この問いに答える際の鍵となるのが、第一講義の中でも触れた高次の存在論的概念、すなわち形式的関係である。われわれはこの関係概念を、主にロウの4カテゴリー存在論とスミスの存在論的セクステットに即して検討することにしたい。

2.1 4カテゴリー存在論における形式的関係

カテゴリー・リストの体系性を論じる際に、形式的因子と並んで重要となるのが「形式的関係」（正確には「形式的ー存在論的関係（formal-ontological relations）」）と呼ばれる高次の概念である。この関係は主に異なるカテゴリーに属する存在者のあいだに成立する一般的関係として理解される。[14]

ミノル 存在論者は、形式的因子に従ってカテゴリーを個別化するだけでなく、各カテゴリー（に属する存在者）が互いにどんな関係に立つのかを示す必要もあるってことだね。

このことを、「4カテゴリー存在論」（four-category ontology）と呼ばれる体系に即して考察することにしよう。[15] イギリスの現代存在論者ロウが提唱する4カテ

その第16節を参照。なお、インガルデンの方法に関しては拙論「志向的対象を再考する」（『哲学雑誌』第126巻、798号、2011年）の中でやや詳細な解説を試みた。

[13] A. Thomasson, *Fiction and Metaphysics*, Cambridge University Press, 1999.
[14] 「主に」と断ったのは、形式的関係という概念はより広い外延をもつからである。それは（i）単一の存在論の構成要素間の関係を指す内存在論的（intra-ontological）関係、(ii) 異なる存在論の構成要素間の関係を指す貫存在論的（trans-ontological）関係、および (iii) 存在論間の、あるいは存在論と他の存在者とのあいだの関係を指すメタ存在論的（meta-ontological）関係に区分される（P. Grenon, "The Formal Ontology of Spatio-Temporal Reality and its Formalization", in H. W. Guesguen, D. Mitra, and J. Renz (eds.), *Foundation and Applications of Spatio-Temporal Reasoning* (FASTR), AAAI Spring Symposium Technical Report Series, AAAI Press, 2003: 27–34.）。われわれが焦点を当てる形式的関係は (i) の内存在論的関係の一部である。
[15] E. J. Lowe, *The Four-Category Ontology*, Oxford University Press, 2006.

ゴリー体系は次のように図示される（図4）。

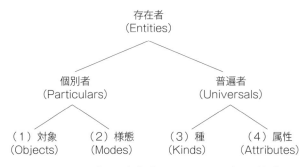

図4　4カテゴリー存在論におけるカテゴリー体系

　この図4の一番下に現れる（1）から（4）が基本となる「4カテゴリー」である。ごく簡単に説明すると、（1）**対象**に属するのは、この人間やこのバラの花といった個体であり、伝統的に「個別的実体」（第一実体）と呼ばれてきた存在者に相当する。次に（2）**様態**はほぼアリストテレスの「個別的付帯性」に相当する。（しばしば現代の論者は「トロープ」という名称を用いる。）このカテゴリーには、主としてこの机の白さといった個別的性質が属するが、ロウの存在論では、モナリザの微笑みといった風変わりな依存的存在者や、ユイさんとミノル君とのあいだの特定の友情関係といった個別的関係もこのカテゴリーに含まれる。（3）**種**には、伝統的に「普遍的実体」（第二実体）と呼ばれてきた存在者が属する。すなわち生物種（アマガエルや人間）や物質種（金や水）がこのカテゴリーに属する。最後の（4）**属性**には普遍的性質および関係（白いという性質、より背が高いという関係など）が属する。このカテゴリーはアリストテレスの「普遍的付帯性」に相当する。

ユイ　さっきの存在論的スクエアとほぼ同じね。

　カテゴリーの数のみならず、その内実から見ても、ロウの体系はアリストテレスの「存在論的スクエア」を継承するものである。しかしこの体系において特筆すべきは、各カテゴリー（に属する存在者）のあいだの形式的関係を明確な仕方で記述した点にある。実際、ロウが四つのカテゴリーを「基本的カテゴリー」と見なしたのは、それらのあいだに重要な形式的関係が成り立つからである（図5）。

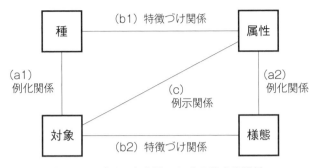

図5　カテゴリー存在論における形式的関係

　図5に即してこれを解説しよう。この体系には (a) **例化関係** (instantiation)、(b) **特徴づけ関係** (characterization)、(c) **例示関係** (exemplification) という三つのタイプの形式的関係が現れる。
　(a) **例化関係**は、(a1) 種カテゴリーに属する存在者と対象カテゴリーに属する存在者とのあいだに成立し、また (a2) 属性カテゴリーに属する存在者と様態カテゴリーに属する存在者とのあいだにも成立する。(長ったらしくなるので、以下では「種と対象とのあいだに」や「属性と様態とのあいだに」などと表現する。ただし、カテゴリー自体が他のカテゴリーと例化関係に立つわけではないことに注意してほしい。) たとえば、(a1) 馬という種は、オグリキャップやトーカイテイオーといった個別的な対象によって例化される。(逆に、それらの個々の馬たちは馬という種を例化する、と言われる。) 例化関係自体は「原始概念」であるので、それよりも単純な概念によって定義することはできない。たんなる言い換えにすぎないが、「馬種はオグリキャップによって例化される」とは、馬種がオグリキャップを実例 (インスタシス) としてもつことを意味する。同様に、(a2) 赤さという属性はこのリンゴの赤さやこのセーターの赤さといった様態によって例化される。(逆に言えば、それらの個別的な赤さは、赤さという属性を例化する。) つまり、赤さという性質は、個別的な赤さを実例としてもつ。
　種と属性は、例化される (実例をもつ) という意味において、ともに普遍的である。だが、種は対象によって例化されるのに対し、属性は様態によって例化される。この違いが両カテゴリーを分かつポイントの一つとなる。
　(b) **特徴づけ関係**は、(b1) 種と属性とのあいだに成立し、また (b2) 対象と様態とのあいだにも成立する。この関係も原始概念として捉えられる。たとえ

ば、(b1) 馬という種は草食性という属性によって特徴づけられる。ところが馬種は灰色（馬の専門家のあいだでは「葦毛」と言うらしい）という属性によって特徴づけられるわけではない。種を特徴づける属性とは、種の一般的特徴を示すものである。[16] 同様に、(b2) オグリキャップという対象は、草を食べるという様態によって特徴づけられる。しかしながら、対象と様態とのあいだに成立する特徴づけ関係は、種と属性とのあいだに成立する特徴づけ関係とはやや性格を異にする。このことは、オグリキャップが、この灰色（葦毛）という様態によっても特徴づけられることからも窺える。つまり (b2) 型の特徴づけ関係は、当該の様態が対象のうちに現に実現されていることを意味する。オグリキャップが、草を食べるという様態によって特徴づけられるのであれば、その馬は現に草を食べている。また、オグリキャップが、この灰色という様態によって特徴づけられるのであれば、その馬は現にそうした毛色をしている。

　種と対象との違いは、前者が属性によって特徴づけられるのに対し、後者は様態によって特徴づけられるという点にある。灰色という属性は普遍的なものであり、われわれはそれを知覚することはできない。他方、この灰色という様態は個別的なものであり、知覚可能なものである。ゆえに、われわれがオグリキャップという特定の馬（対象）のうちに見ているのは、その個別的な様態（この灰色）だとされる。

ユイ　「性質は知覚される」と主張する人たちは、一般的な性質（属性）ではなくて、個別的な性質（様態）を念頭に置いているのね。

ミノル　個別的な対象がそれに固有の様態をもつことは理解できるけれど、それは普遍的な属性をもたないのかな？　もつとすれば、対象は属性に対していかなる関係に立つんだろう？　この点がまだよく分からない。

　ミノル君の疑問に答えるのが「**例示**」と呼ばれる形式的関係である。ロウの体系において、個別的対象は、直接的に普遍的属性をもつというよりは、むしろそれを間接的にもつ。このことを以下で解説しよう。

　(c) 例示関係は、属性と対象とのあいだに成立する。[17]（図5では対角線で表され

---

[16]　属性による種の特徴づけは「自然法則」ないし「法則的一般化」と密接に関係している。これに関してはⅡ巻の第二講義の中で詳しく検討する。

[17]　ロウによれば、属性は、対象によって例示される（exemplified）のであり、決して対象によって例化される（instantiated）のではない。通常、"instantiation" と "exemplification" は同義語であり、

る。)（a）例化関係および（b）特徴づけ関係とは異なり、例示という形式的関係は原始概念ではない。なぜならそれは例化と特徴づけによって定義されるからである。たとえば、「このコップの水（対象）は、100℃で沸騰するという属性を例示する」と言われるとき、それは次のことを意味する。すなわちこのコップの水は、水という物質種を例化し、かつその物質種は100℃で沸騰するという属性によって特徴づけられることを。つまりこのコップの水は、それが例化する種を経由して、100℃で沸騰するという普遍的属性との関係を取り結ぶのである。他方、対象は様態を経由して属性と例示関係に立つこともできる。この場合、「このコップの水は、100℃で沸騰するという属性を例示する」は、次のことを意味する。すなわち、コップの水は、現に100℃で沸騰している様態によって特徴づけられ、かつその特定の様態は、100℃で沸騰するという属性を例化することを。以上、例示関係は他の二つの形式的関係を用いて定義されることが示された。

次の図6は、二つのタイプの例示関係を明示化したものである。

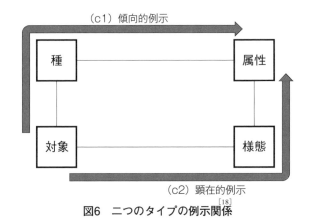

図6　二つのタイプの例示関係[18]

第一のタイプの例示関係（c1）は、対象から種を経由して属性へと引かれた矢印によって表現される。第二のタイプの例示関係（c2）は、対象から様態を経由して属性に至る矢印によって表現される。前者の（c1）は「傾向的

ともに「例化」と訳される。しかしロウの特殊な用語法に合わせて、ここでは後者を「例示」と訳出した。

[18]　E. J. Lowe, "Ontological Categories: Why Four are Better than Two", in J. Cumpa & E. Tegtmeir (eds.), *Ontological Categories*, Ontos Verlag, 2011: 109–126.

例示」（dispositional exemplification）、後者の（c2）は「顕在的例示」（occurrent exemplification）と名づけられる。この区別のメリットを以下で短く解説しよう。

ロウは4カテゴリー存在論の利点の一つとして、傾向性（disposition）の問題をうまく説明できる点を挙げている。一般的に、傾向性とは可燃性、水溶性、伸縮性、壊れやすさといった性質を指す。これらの性質はいわば「潜在的な性質」であって、現に顕在している通常の性質とは異なると考えられる。別様に言えば、傾向性とはある一定の条件の下で実現するような諸性質である。

ユイ 「この壁紙は燃えやすい」とか「この子供用クレヨンは水に溶ける」とか言われるときには、傾向性が問題となるってことね。

ミノル 現にこの壁紙が燃えているわけではないし、現にこのクレヨンが水に溶けているわけでもないからね。

ロウによれば、前述した例示関係における二つのタイプの区別によって、対象の傾向的な状態（dispositional state）と顕在的な状態（occurrent state）との違いは説明される[19]。

ユイ 「このコップの水は100℃で沸騰する」と言われるとき、それはこのコップの水の傾向的状態を表しているのよね。だってコップの水は現に沸騰しているわけじゃなく、ある状況に置かれると100℃で沸騰するんだから。さっきの図式で説明すれば、このコップの水は、水という物質種を経由して、その物質種を特徴づける属性（100℃で沸騰するという性質）を例示するってことね。だからこのコップの水は、その属性を「傾向的に例示する」と言われる。

ミノル 他方で、このコップの水は100℃で沸騰しているという顕在的状態にあることもできる。この場合、コップの水は、100℃で沸騰しているという様態を経由して、その様態が例化する普遍的属性を例示している。だからこのタイプの例示は「顕在的例示」と言われるんだね。

ここで押さえておきたいポイントは、傾向性は、特別な種類の「潜在的性質」ではなく、対象が属性を例示する一つの仕方として捉えられることである。これ

---

[19]　E. J. Lowe, *The Four-Category Ontology*, Oxford University Press, 2006: Ch. 8.

は4カテゴリー体系を採用することの利点の一つであると言えよう。

2.2 存在論的セクステットと形式的関係

最後に、4カテゴリー存在論（および存在論的スクエア）の拡張版である「**存在論的セクステット**」（The Ontological Sextet）の体系、およびその体系がもつ形式的関係を一瞥することにしたい。その名の通りこの体系は六つの基本カテゴリーから成る（図7）。

	独立的 コンティニュアント	依存的 コンティニュアント	オカーレント （プロセス）
普遍者	（1）普遍的実体 例：人間、ネコ	（3）普遍的質 例：頭痛、日焼け	（5）普遍的プロセス 例：交尾、歩行
個別者	（2）個別的実体 例：この人間、 このネコ	（4）個別的質 例：この頭痛、 この日焼け	（6）個別的プロセス 例：この交尾、 この歩行

図7 スミスによる存在論的セクステット[20]

ユイ 存在論的スクエアとの違いは、一番右に出てくる（5）「普遍的プロセス」と（6）「個別的プロセス」を独立したカテゴリーとする点ね。

その通りである。個別化の仕方はやや異なるとはいえ、（1）から（4）までのカテゴリーは存在論的スクエアとほぼ同じである。ここで新たに付け加わる「**プロセス**」とは、すでに見たように、時間的部分をもつ存在者、すなわち存在する任意の一時点においてそのすべてが現れることのない存在者を指す。たとえば2012年6月14日におけるミーコとタマの一回目の交尾と同日の二回目の交尾は、数的に異なる二つのプロセスであり、それらはともに「**個別的プロセス**」

---

[20] B. Smith, "Agtainst Fantology", in E. M. Reicher & J. C. Marek (eds.), *Experience and Analysis*, Hölder-Pichler-Tempsky, 2005: 153–170. この図に現れる「コンティニュアント」の用法に違和感をもつ読者もいるかもしれないが、ここでのコンティニュアントは「時間を通じて同一のものとして存続（持続）する存在者」という規定をもつのみである。この緩やかな規定に従えば、いわゆる通常の個体だけでなく、種や質も「コンティニュアント」に含まれることは十分に理解できる。ただしこの講義では、もっぱら個別的実体を、時間を通じて存続する存在者の典型例として捉えることにしたい。

というカテゴリーに属する。また交尾や歩行という（一般的）プロセスはともに「**普遍的プロセス**」に属する。

存在論的セクステットは、存在論的スクエアよりも倹約的ではないが、「物」や「性質」とは異なるあり方をしているように見える「プロセス」を基本カテゴリーのレベルで導入するという点で、われわれの日常的直観および科学的実践により合致したものであると言えよう。

存在論的セクステットにおける形式的関係は次のように図示される（図8）。

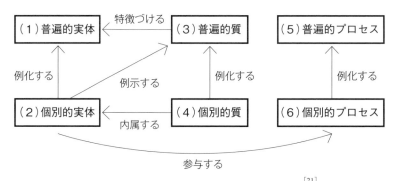

図8　存在論的セクステットにおける形式的関係[21]

図8を見れば明らかなように、存在論的セクステットは4カテゴリー体系の形式的関係をほぼ踏襲している[22]。新たに導入された形式的関係は「**参与する**」（participates in）という関係である。この関係は個別的実体と個別的プロセスとのあいだに成立する。たとえば香川真司が2012年6月12日に行われたサッカーの試合（日本 vs. オーストラリア戦）でプレーするとき、香川真司という個別的実体は、サッカーの試合という個別的プロセスに参与すると言われる。むろんサッカーの試合では、特定の選手や審判といった「人」だけでなく、特定のサッカーボールやスパイクといった「物」も当該プロセスへの参与者と見なされる。

個別的実体（対象）は様々な仕方でプロセスに参与する。その仕方は、始

---

[21]　L. Jansen, "Categories: *The Top-Level Ontology*", in Munn & Smith (Eds.) *Applied Ontology: An Introduction*, Ontos Verlag, 2008: 173–196.

[22]　ただし個別的質（ロウにおける「様態」）は個別的実体（「対象」）に「内属する」（inheres in）と言われる。ロウの体系では、様態は対象を「特徴づける」（characterize）と言われ、属性と種とのあいだに成立する関係にも同じ名称が与えられていたが、われわれはスミスによる内属関係と特徴づけ関係との区別の方がより適切だと考える。

動 (initiation)、続行 (perpetuation)、終了 (termination)、影響 (influence)、容易化 (facilitation)、妨害 (hindrance, prevention)、仲介 (mediation)、受動 (patiency) などにきめ細かく区分されうる。[23] たとえば、ある特定のギブスは、折れた骨の接合というプロセスを始動させるという仕方で当該プロセスに参与し、特定の心臓ペースメーカーは、心筋を刺激することで心収縮というプロセスを続行させるあるいは容易化するという仕方で当該プロセスに参与する。また特定の抗癌剤は、癌細胞の増加というプロセスを妨害するという仕方で当該プロセスに参与する。こうした参与関係の詳細な区分は、網羅的なものではなく、十分に明確なものとも言い難いが、様々な領域的存在論を記述するうえで有用であるように見える。(実際に、これらの区分を提案するスミスは、哲学者でありながら、生物医学情報学 (biomedical informatics) の存在論を設計する応用存在論者としても知られる。)

また、参与関係を形式的関係としてもつ存在論的セクステットは、II巻で検討する「三次元主義」の存在論と「四次元主義」の存在論との対立を調停しうるカテゴリー体系でもある。というのも、この体系は、物質的対象(三次元的対象)とプロセス(四次元的対象)のどちらか一方を他方に還元することはなく、両カテゴリーを維持したうえで、それらに属する存在者間の関係を適切に記述しうるからである。

この第三講義を終えるにあたって、これまで触れなかった二つの重要な形式的関係について短く言及しておきたい。それらは同一のカテゴリーに属する存在者たちのあいだに成立する関係である。第一に、「普遍的実体」に属する種(類)のあいだには**従属関係** (is_a relation) が成立しうる。たとえば、馬は動物に従属し、動物は生物に従属する。同様に、「普遍的プロセス」に属する存在者たちのあいだにも従属関係が成立しうる。(有性生殖は生殖に従属する。)これは下位の種がより上位の種(類)に対してもつ関係であり、ゆえに個々の存在論の構築そのものに関わる根本的な関係と見なされる。第二に、「個別的実体」に属する対象のあいだ、および「個別的プロセス」に属するプロセスのあいだには**部分関係** (part_of relation) が成立する。前者の例として、この肝臓はこの人間の部分である、この水素原子はこの水分子の部分である、などが挙げられる。後者の例としては、この曲の演奏はこのコンサートの部分である、この山の膨張やマグマの噴出はこの山の火山活動の部分である、などが挙げられる。前者を「コンティニュアント部分関係」、後者を「プロセス部分関係」と呼んで区別することもできよう。

---

[23] P. Grenon & B. Smith, "SNAP and SPAN: Towards Dynamic Spatial Ontology", *Spatial Cognition and Computation*, *4*(1), 2004: 69–103.

また、これら二つの形式的関係（従属関係と部分関係）に加え、**同一性関係**（identity）もまた、同じカテゴリーに属する存在者たちのあいだに成立する形式的関係であることを付言しておく。

Table 1　主要な形式的関係のまとめ[*1]

1. 普遍者－普遍者

- 特徴づけ関係（characterization）
  普遍的質（属性）xは普遍的実体（種）yを特徴づける。（草食性は馬を特徴づける。）
- 従属関係（is_a）
  普遍的実体（種）xは普遍的実体（種）yに従属する。（馬は動物に従属する。）

2. 個別者－普遍者

- 例化関係（instantiation）
  個別的実体xは普遍的実体yを例化する。（オグリキャップは馬を例化する。）
  個別的プロセスxは普遍的プロセスyを例化する。（オグリキャップの歩行は歩行を例化する。）
- 例示関係（exemplification）
  個別的実体xは普遍的質yを例示する。（オグリキャップは草食性を例示する。）

3. 個別者－個別者

- 内属関係（inherence）
  個別的質（様態）xは個別的実体yに内属する。（この灰色はオグリキャップに内属する。）
- 参与関係（participation）
  個別的実体xは個別的プロセスyに参与する。（オグリキャップはこのレースに参与する。）
- 部分関係（part_of）
  個別的実体xは個別的実体yの部分である。（この心臓はオグリキャップの部分である。）
  個別的プロセスxは個別的プロセスyの部分である。（オグリキャップの交尾はオグリキャップの生涯の部分である。）

4. その他

- 同一性関係（identity）
カテゴリー X に属する x は同じカテゴリーに属する y と同一である。（オグリキャップと「葦毛の怪物」と呼ばれた馬は同一である。）

＊1　R. Arp, B. Smith, A. D. Spear, *Building Ontologies with Basic Formal Ontology*, The MIT Press, 2015: 133 を参照。この講義で主題的に取り上げることができなかった一般的体系 BFO（Basic Formal Ontology）に関心がある人はこの書を手に取ってみることをお薦めする。とくにこの書の第7章には形式的関係についての詳細な記述がある。

まとめ

- 存在論におけるカテゴリーは何らかの原理に従って個別化される必要がある。その際に重要な役割を果たすのは、「形式的因子」と呼ばれる高次の存在論的属性である。

- アリストテレスは『カテゴリー論』の中で、「基体について語られる」と「基体のうちにある」という二つの形式的因子およびその否定を組み合わせることによって、四つの基本カテゴリー（「存在論的スクエア」）を体系的に個別化した。

- 形式的関係は、形式的因子と同様に、存在論の体系性に寄与する高次の概念である。ロウはその「4カテゴリー存在論」において、例化関係、特徴づけ関係、例示関係という三つの主要な形式的関係を明らかにすると同時に、「傾向性」に関する適切な説明がそれらの関係にもとづいて与えられると主張した。

- スミスの「存在論的セクステット」は、4カテゴリー存在論に「個別的プロセス」と「普遍的プロセス」を加えた6カテゴリー存在論である。このカテゴリー体系に特徴的な形式的関係は、個別的実体（対象）と個別的プロセスとのあいだに成立する参与関係である。参与関係は、実体のプロセスへの参与の仕方に応じてさらに細かく区分されうる。

第四講義
性質に関する実在論

　先行する講義において、われわれはいわば天下り的に、**普遍者としての性質**をカテゴリーとして導入した。ところがよく知られているように、そうした性質の存在は必ずしも自明視されてきたわけではない。それどころか長い哲学の歴史のなかで、性質の存在を否定する理論はたびたび現われてきたし、現在でもなお性質の存在と本性をめぐる論争は継続中である。

　この第四講義では、性質をめぐる問いにおいて「いったい何が問われているのか」を明らかにし、次いで、素朴な実在論の立場から、性質の存在を擁護する典型的な議論を概観する。そのうえで、現代の有力な実在論と目される「ミニマルな実在論」についての検討を行うことにしたい。

1　ものが性質をもつということ

1.1　何が問われているのか

ミノル　「西洋哲学史」の講義では、性質（普遍者）の存在を認める立場は「**実在論**」（realism）、そうした性質の存在を認めず、個別的なものだけが存在すると説く立場は「**唯名論**」（nominalism）だと習ったよ[1]。とくに中世の「**普遍論争**」は有名だってことも。

ユイ　でも、いまだにそんな論争が継続中だなんて、哲学という学問にはよほど進歩がないのね。

---

[1] 現代では、数や命題を含む広い意味での抽象的対象の存在を認める立場を「実在論」、そうした抽象的対象を認めず、具体的対象の存在のみを認める立場を「唯名論」と呼ぶことが多い。しかしここでは伝統に従って、実在論／唯名論の区別は、もっぱら普遍者の存在を争点とするものだと解することにしたい。

「哲学に進歩はあるのか」という問いにきちんと答えるのは難しい。ただ、ユイさんの辛辣なコメントに短く応答すれば、次のようになろう。たしかに哲学においては科学に見られるような「進歩」はあまり見られない。つまり、古い理論が新しい理論に完全に取って代わられることは稀である。しかし「哲学にはまったく進歩が見られない」と断言してしまうことにも違和感を覚える。過去において不明瞭なかたちでしか提出されえなかった問いを、より明晰な仕方で問い直すことが可能になったとき、またそうした問いに対し、過去の哲学者たちよりも厳密な仕方で答えることが可能になったとき、「哲学は進歩した」と述べることができるのではないか。この意味における「進歩」であれば、とくにこの講義の主題である存在論・形而上学においてしばしば目にすることができる。

少し脱線してしまったが、ここで本題に戻りたい。この講義が取り組もうとしているのは次のような問いである。

■**存在論的（形而上学的）な問い**
(I) 数的に異なる二つのものが、タイプ的に（質的に）同じであるとはいかなることか。（例：このリンゴとあのシャツがともに赤いとはいかなることか。）
(II) そもそも対象 a が F であるとはいかなることか。（例：このシャツがフランス製であるとはいかなることか。）

これらの問いはしばしば次のような仕方でも表明される。

■**意味論的な問い**
(I*)「a と b はともに F である」という文が真であるための必要十分条件とは何か。（例：「このリンゴとあのシャツはともに赤い」という文が真であるための必要十分条件とは何か。）
(II*) "Fa" という文の真理条件とは何か。（例：「このシャツはフランス製である」という文の真理条件とは何か。）

厳密に言えば、意味論的な問いである (I*) と (II*) は、存在論的（形而上学的）な問いである (I) および (II) とは区別されなければならない。しかしながら「意味論は言語表現と世界との関係についての理論である」であるという、素朴ではあるが根本的な理解が正しいとすれば、意味論的な問いに対する答えは、最終的には存在論的な問いに対する答え、すなわち「存在論的な説明」にもとづ

くものでなければならない。ゆえに、以下の議論において、(I) と (I*) および (II) と (II*) は (意図的に) 混同されることがあることを断っておきたい。

ある人が実在論者であるのか、それとも唯名論者であるのかは、これらの問いへの答え方によって決まる。大雑把に言うと、普遍的性質に訴えてこれらの問いに答える人は実在論者であり、それ以外の仕方で答える人は唯名論者である。

むろん問いはこれだけではない。実在論者の立場に立ち、普遍的性質の存在を認めたとしても、彼らには他の様々な問いが待ちうけている。「すべての述語は何らかの性質を表現するのか」、「例化されない性質は存在するのか」、「否定的性質／選言的性質／連言的性質は存在するのか」、「高階の性質は存在するのか」などはそうした問いの一部である。また、唯名論者たちは、普遍的性質以外の何が、上記の問いの中で言及された事実あるいは文の真理を説明するのかを明らかにしなくてはならない。(唯名論については主に第五講義で論じる。)

1.2 存在論的説明あるいは分析について

ミノル さっき「"Fa" という文の真理条件とは何か」という問いに対する答えは、最終的には「存在論的な説明」にもとづかなければならないって主張していたけど、それはいったいどんな説明なの？

素朴な例を使って考えてみよう。いま次の文 (W) が真であるとしよう。

(W) ミノルの家は白い。

文 (W) はなぜ真であるのか。

ユイ なぜ (W) が真であるのかって？ もちろん、ミノル君の家が白いからでしょ。「『雪は白い』という文が真であるのは、雪が白いときかつそのときに限る」という言葉をどこかで耳にしたことがあるわ。たしかタルスキ (A. Tarski) という論理学者の言葉だったと記憶しているけれど。

ユイさんの説明は形式的な意味論の説明としては完璧かもしれない。「ミノルの家は白い」という文が真であるのは、ミノルの家が白い場合、かつその場合に限る ("P" は真である $\Leftrightarrow P$)。論理学に留まる限り、それ以上の説明は不要であろ

う。しかし、存在論者にはより「踏み込んだ」説明が求められる。すなわち彼らは、ミノル君の家が白いという事実がなぜ成立しているのかを説明しなければならない。

ユイ　「なぜ」って言われてもねえ。たんにミノル君のうちの大家さんがそう望んだから？　でなきゃ、左官屋さんが白いペンキを塗ったから？

ミノル　なんだかそれって違うような気がするな。「なぜ」という問いに対する哲学的な説明になっていないような気がする。

　これらの説明を哲学的でないと決めてかかることはできない。おそらくそれらは「因果的説明」の一種だろう。つまりそれらは、ある人の欲求や行為が原因となって、ミノルの家は白いという結果が生じたことを述べている。しかし存在論者はこの種の因果的説明にさほど関心をもたない。

ユイ　でも因果的説明ってそんなに素朴なものかしら？　このコップの中の液体は無色透明であるという事実を因果的に説明するためには、当の液体の分子構造を引き合いに出す必要があると思うけど。

　たしかにそうである。ミノル君の家は白いという事実をきちんと因果的に説明しようとすれば、ミノル君の家の表面に見られるミクロな物理的構造、光の反射、われわれの網膜の仕組みといった事実に言及しなければならないだろう。だがいずれにせよ、こうした説明は個別科学に託された課題である。存在論者は「あるものが F である」という事実を成立させている原因（の一部）を特定するのではなく、むしろそうした事実が世界のいかなるカテゴリー的構造にもとづくのかを明らかにしたいのである。言い換えれば、「あるものが F である」ためには、世界がどのようなあり方をしていなければならないのか、すなわち世界には何が存在し、存在するもののあいだにはどのような関係が成立しているのかを明らかにすること、これが**存在論的説明**（ontological explanation）の目標である。世界で成立する事実を、基本的な構成要素に分解することによって説明する作業は**存在論的分析**（ontological analysis）と呼ばれることもある。[2]

---

[2]　存在論的説明（形而上学的説明）の本性、および他のタイプの説明との違いに関しては、秋葉剛史『真理から存在へ——〈真にするもの〉の形而上学』（春秋社、2014年）の第3章の中で詳し

1.3　実在論による説明

やや堅苦しい導入に戸惑ったかもしれないが、この講義の出発点は、哲学の徒にとってお馴染みの問いであり、また哲学の歴史と同じぐらい古い問いでもある。すなわち「異なる二つのものが同じタイプであるとはいかなることか」、「a が F であるとはいかなることか」といった問いである。こうした問いを耳にして多くの人はプラトンの「イデア論」を思い出したに違いない。

ミノル　そう言えば高校の授業でこの手の話を聞いたことがある。黒板に書かれた図形と教科書に載っている図形は、二つの異なる図形であるにもかかわらず、ともに三角形である。なぜかと言えば、それらが三角形のイデアを共有しているからだって。

ユイ　三角形のイデアを分かちもつ個々の図形はわれわれの生きる感覚的な世界にあるのに対し、イデアそのものは天上の「イデア界」にあって感覚することはできない、と。そんなふうに教わったわ。でも哲学の歴史において、それは典型的な「二世界論」として多くの批判を受けてきた、とも。だって、プラトンはそうしたイデア界こそが真に実在する世界であり、われわれの生きる感覚的世界はその影だと考えたんだから。

今日プラトンの学説をそのまま受け入れる哲学者はほとんどいない。にもかかわらず「イデアの分有」という基本的な図式は現在でも生きながらえている。これは驚くべきことかもしれない。プラトンが提示した図式は、様々な困難にもかかわらず、冒頭で掲げた問いに対してシンプルで首尾一貫した解答を与えてくれる。「**実在論**」は、「イデア」の代わりに「性質」、「分有」の代わりに「例化」(instantiation) という言葉を用いて、先ほどの問い (I) に次のように答える。

　　(R1)　a と b はともに F である $\Leftrightarrow$ a と b は同一の F 性を例化している。

この同値文 (R1) の右辺は、左辺で表現された事実の存在論的説明ないし分析だと捉えてほしい[3]。たとえば、この箱とこのルービックキューブはともに立方体であるという前分析的な事実は、この箱とこのルービックキューブが同一の

い解説がなされている。
[3]　ここに現れる同値記号 "$\Leftrightarrow$" の意味については第一講義の Box 2 を参照。

立方体性を例化していることだと説明（分析）される。このように普遍的性質を、複数の対象によって例化される同一の何かとして理解したうえで、蛇足かもしれないが、問い（II）にも答えておこう。

(R2) aはFである ⇔ aはF性を例化している。

用語法をもう一度確認しておくと、性質は例化されるものであるのに対し、性質を例化するものは、その性質の「実例」(instance) ないし片仮名で「インスタンス」と呼ばれる（図1）。

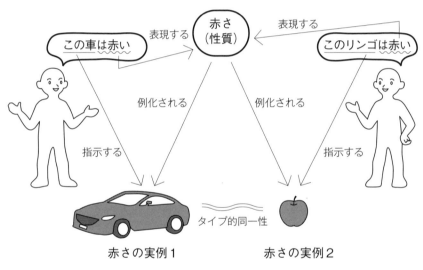

図1　実在論の世界像

ミノル　ところで実例は個別者だってことでいいのかな？

この問いへの答え方に応じて、われわれは実在論の内部にある二つの立場を区別することができる。まず「イエス」と答える者は、すべての性質は個別者の性質であるという立場に立つ。これはかなり抑制された実在論である。次に「ノー」と答える者は、性質の性質が存在するという立場に立つ。たとえば（これが正しいかどうかは別として）「赤は色である」という文は、赤いという性質が色である

という性質を例化することを表現すると見なされうる。この分析が正しければ、色性は赤性のもつ性質である。（言い換えれば、赤性は色性の実例である。）後の3.5節で見るように、性質の性質は「**高階の性質**」（higher-order properties）と呼ばれる。高階の性質を認める立場は、それを認めない立場と比べ、より寛容な実在論であると言えよう。

ユイ　つまり後者の「寛容な実在論」の立場に立てば、すべての実例が個別者であるとは限らないってことになるのね。

　そういうことになる。高階の性質に関しては後で論じることにし、この機会にもう一つだけ重要な区別を導入しておきたい。先ほど性質（普遍者）を「*例化される何か*」と規定したが、これには少なくとも二つの読み方があり、やはりその読み方に応じて二つの立場が区別される。一つ目の読み方は「例化される何か」を「（現に）*例化されている何か*」と捉える立場であり、二つ目の読み方はそれを「*例化されうる何か*」と捉える立場である。

　前者の立場に立てば、実例をもたない「性質」は性質ではない。たとえば「三つの心臓をもつ」という性質もどきは実例をもたない。つまりその「性質」を例化する生物は存在しない。ゆえにそうした「性質」は存在しない。これに対し、後者の立場はそうした「性質」の存在を認めることができる。というのも、三つの心臓をもつという性質は（何らかの突然変異や臓器移植等によって）例化されうると考えられるからだ。前者のような実在論は、性質が何らかの実例と不可分であると主張する点において「**アリストテレス主義的**」と形容される。他方、後者の実在論は、性質の存在がその実例の存在から独立していると主張する点で「**プラトン主義的**」と形容される。

　プラトン主義は極めて寛容な実在論であるとはいえ、「円くて四角い」や「鉄製の木でできた」といった述語に対応する性質もどきを認めるわけではない。なぜならそれらは、たんに例化されていないだけでなく、そもそも*例化されえない*（*実例をもちえない*）からである。

ユイ　いずれの立場に立つにせよ、性質（普遍者）は例化概念によって規定されるということよね。

　それが最も基本的な規定である。一般的に普遍者／個別者の区分は「**反復可能**

性」(repeatability) と呼ばれる概念を用いてなされるが、それは例化概念を前提している。たとえば立方体であるという性質（普遍者）は、複数の対象によって繰り返し例化されうる。言い換えれば、この箱やこのルービックキューブが消滅したとしても、その性質は新たに誕生する箱やルービックキューブによって再び例化される。「反復可能性」とは普遍者のこうした特性を指す。これは個別者がもたない特性である。

「**時空間性**」もまた、普遍者／個別者の区分においてしばしば言及される基準である。すでに第三講義の中でも言及したように、時空間のうちに特定の位置をもつものは個別者であり、そうした位置をもたないものは普遍者であると規定する論者もいる。ただし、こうした規定にはいくつかの反論が考えられる。第一に、時空間のうちに特定の位置をもたないという特性は普遍者のみがもつ特性ではないと反論することができる。つまり、普遍者以外の抽象的対象（数や命題など）もまたこうした特性をもつと主張することは可能である。この種の反論が正しければ、普遍者を他の抽象的対象から差別化する特性を示さなければならないだろう（図2）。

図2　様々な抽象的対象

　第二に、普遍者は時間のうちに特定の位置をもつ、あるいは、よりラディカルに、普遍者は時間のうちにも空間のうちにも特定の位置をもつと反論する者もいるだろう。前者については比較的理解しやすい。たとえば、心臓をもつという性質は少なくともある種の生物の誕生以前には存在しなかったと主張することは奇妙ではない。これに対し、後者の反論によれば、普遍者は、時間のうちのみならず、空間のうちにも特定の位置をもつとされる。つまり心臓をもつという性質は、それを例化する生き物たちの位置する場所に存在するというわけである。これは大変分かりづらいとはいえ、「存在するものはすべて時空間のうちに位置をもつ」と説く立場に立ち、かつ「普遍者は存在する」と説く実在論の立場に立てば、当然出てくる主張であろう（Box 6を参照）。

　こうした反論を考慮すると、普遍者／個別者の区分は、例化される／されない、

あるいは反復可能／不可能という特性によってなされると考える方がより問題が少ないように見える。次節からは、何らかの実例によって例化される（反復される）ものを普遍者として捉え、そうした普遍者の一つとされる性質の存在を擁護する議論を検討することにしたい。

2 実在論の擁護

2.1 分類の基礎

最初に検討したい実在論者のテーゼは以下の通りである。

　（A）性質は類似性にもとづく世界の諸事物の分類に存在論的な基礎を与える。

ヨウコという黒髪の日本人女学生、イザベルという黒髪のフランス人女教師、メラニーという金髪のドイツ人女学生がいるとしよう（図3）。

ヨウコ
（黒髪の日本人女学生）

イザベル
（黒髪のフランス人女教師）

メラニー
（金髪のドイツ人女学生）

図3　類似性にもとづく分類

このケースにおいて、ヨウコとイザベルは髪の色が類似しており、同じ「黒髪グループ」に分類することが可能である。また、イザベルとメラニーは出身地域が類似しており、同じ「ヨーロッパ人グループ」に分類することができる。同様に、ヨウコとメラニーは社会的立場が類似しており、同じ「学生グループ」に分類することができよう。しかし、いったい何がこうした分類を可能にしているのか。もちろん、諸対象のあいだに成り立つ**類似性**（「似ているという関係」）が分類を可能にしていると思われるが、そもそも類似性にもとづいて分類するとはいかなることなのか。

　類似性にもとづく分類は、性質の存在を認めるならば容易に説明がつく。実在論者たちによれば、先の例における類似性は、ヨウコとイザベルが黒髪性という同一の性質を共有し、イザベルとメラニーがヨーロッパ人性という同一の性質を共有し、そしてヨウコとメラニーが学生性という同一の性質を共有することによって成立する。彼らの考え方によれば、二つの対象が互いに「似ている」のは、それらがある同一の性質を例化しているからである。

ミノル　「似たものどうしを集める」というのは、何らかの同一の性質をもつものを集めてくることに他ならないんだね。「性質は類似性にもとづく分類に存在論的基礎を与える」というテーゼは堅苦しく聞こえたけれど、考えてみれば、僕らがふだん行っている分類は、性質という普遍者の存在を前提するとうまく説明がつく。

ユイ　どうもしっくりこないわ。ヨウコとイザベルは黒髪であるという性質を共有するって言い方から、黒髪性なる普遍者を捏造するのはおかしいと思う。たんに二人は同じ黒髪という物理的対象をもっていると言えばそれで済むことでしょ。

ミノル　そうかなあ？　たしかに彼女たちは同じ自転車を共有することはできるけれど、同じ髪を共有することなんてできっこないよ。ヨウコの髪はヨウコの頭から生えていて、イザベルの髪はイザベルの頭から生えてるんだから！　まあ、同じカツラを二人で共同所有しているなら話は別だけど……（図4）。

　ここでの議論は、次の文（1）をどのように捉えるかという問題にも関わっている。

　　（1）ヨウコとイザベルは何かを共有している。（Yoko and Isabelle have something in common.）

図4　黒髪の共有

　もちろん（1）における「何か」が一つの物理的対象（たとえば一台の自転車）を指す可能性はある。しかしそのことからヨウコとイザベルが互いに似ていると結論することは困難である。より自然な仕方で解釈すれば、（1）は「ヨウコとイザベルはある共通点をもつ」ということであり、その「共通点」とは黒髪性のような性質を指すように見える。次節ではこのことをもう少し掘り下げて検討しよう。

2.2　日常的な言語使用

次に検討したい実在論者のテーゼは次のように表現される。

　（B）われわれの日常的な言語使用は性質の存在にコミットしている。

ユイ　やっと「存在論的コミットメント」の話が出てきたわね。第二講義で学んで以来、出番がないので不思議に思っていたところなの。

　覚えていてくれて幸いである。存在論的コミットメントの基準は、存在論の唯一の方法というわけではないけれど、それが重要であることに変わりはない。性質の存在を認めたくない唯名論者は、通常の述語使用は性質の存在にコミットすることはないと説く。これが完全に正しいかどうかは別として、彼らの言うことには一理ある[4]。次の文（2）を検討してみよう。

---

[4]「通常の述語使用」と断ったのは、「a は F である」（a is F）における述語「（は）F である」（is F）から、われわれは「F であるという性質」（the property of being F）や「F 性」（F-ness）といった単称名辞をシステマティックに得ることができるからである。しかし、ここでは「（は）F である」という通常の述語使用に話を限ることにする。

（2）僕の車と君の車はともに赤い。

ミノル これは二台の車が赤性という同一の性質を例化していることを表現するんだね。

結論から言えばその分析は正しいと思うが、先走らずに順を追って考えて行こう。まず（2）を論理的言語で翻訳してみる。（「僕の車」を"a"、「君の車」を"b"とする。）

（2^*）aは赤い＆bは赤い。

ここには変項も量化子も現れない。"a"と"b"という名前（個体定項）が指示する対象（二台の車）の存在を認めたとしても、存在論的コミットメントの基準に従えば、（2^*）は、赤さという性質の存在にコミットするものではない。

ユイ やっぱりそうでしょ。（2）のような言い回しから、赤性という普遍者を捏造する必要はないわ。

「捏造」かどうかはともかく、ここでは「存在論的コミットメントの基準は正しい」という仮定を維持しよう。そうするとたしかに（2）は性質の存在にコミットするように見えない。ところが次の文に関してはどうだろう。

（3）僕の車と君の車は同じ色をしている。

ミノル ここでは二台の車の色は具体的に述べられていないわけだよね。赤いとか、青いとか。それだったら、僕の車と君の車が共通してもつような何らかの色があると理解されるんじゃないの？

ユイ そうしたら性質の存在にコミットしてしまうじゃない！

性質への量化を避けるためには次のようなパラフレーズが考えられる。[5]

---

[5] N. Effingham, *An Introduction to Ontology*, Polity, 2013: Ch. 3. の中の例を参考にした。また鈴木生郎ほか『ワードマップ現代形而上学』（新曜社、2014年）の第5章の中には類似する多くの例文が

（3*）（僕の車と君の車はともに赤い）または（僕の車と君の車はともに青い）または（僕の車と君の車はともに白い）または……。

ミノル 最後の「または……」って何なの？

ユイ どの色において一致しているのか分からないんだから、すべての色述語が出てくる必要があるんじゃないの。

ミノル 「aとbが同じ色をしている」という簡単なことを言うために、「aとbはともに赤いか、または青いか、または白いか、または黒いか、または黄色いか、またはオレンジ色か……」というふうに、色を表す述語が全部登場しなければならないなんてナンセンスだよ。

　実際、この「選言的パラフレーズ」をきちんと書こうとすれば、かなり長い文になるだろう。それに対して、実在論はとても簡潔に（3）を分析することができる。ミノル君がすでに指摘したように（3）は（3**）に翻訳される。

（3**）∃x(xは色である ＆ xは僕の車によって例化される ＆ xは君の車によって例化される)

　簡単に言えば、「僕の車と君の車がともに例化するような色が存在する」ということに他ならない。もちろん（3**）の変項xの値は何らかの色であるはずだ。存在論的コミットメントの基準に忠実であれば、（3**）は何らかの色（性質）の存在にコミットしていることになる。

　実在論者はこの手の例文のストックに事欠かない。もう一つだけ実在論者好みの例文を挙げておこう。

（4）白は彼女のお気に入りである。

ミノル ユイちゃんはこれを論理的な言語に翻訳することができるよね。

ユイ もちろん。たとえば「白は光を反射する」は「すべてのxについて、xは白

挙げられている。

ければ、x は光を反射する」と翻訳されるから、同じやり方で（4）を翻訳すればいいでしょ。

  （4^*）すべての x について、x は白ければ、x は彼女のお気に入りである。
  （$\forall x(x$ は白い $\rightarrow x$ は彼女のお気に入りである$)$）

ミノル うーん。たしかに（4^*）の変項 x の値は個別的なもの、つまり個々の白い対象だから、性質の存在にコミットしているとは言えない。でも（4）と（4^*）は同じ意味をもつのかな？（4）は、彼女のお気に入りの色が白だと言っているだけだよね。ところが（4^*）は、彼女は白いものであれば何でもお気に入りだと言っている。

ユイ そうね。たとえ彼女のお気に入りの色が白だとしても、彼女はすべての白いものを好むとはかぎらないかも。白好きの彼女でも、最近彼女の頭に目立ち始めた白髪を忌み嫌っていることは十分に考えられるわ。

ミノル いくら彼女が白好きでも、シロアリがお気に入りってことはないでしょ。

「白は好きだけど白髪やシロアリは好きでない」と述べることに矛盾はないように見える。しかし（4^*）が正しいパラフレーズであれば、彼女は白いものであれば何でもお気に入りということになるから、白髪やシロアリがお気に入りでないことは明らかな矛盾である。これに対して、実在論者による（4）の分析（4^{**}）は、この種の困難とは無縁である。

  （4^{**}）$\exists x(x = 白 \ \& \ x$ は彼女のお気に入りである[6]）

（4^{**}）は「白と同一であり、かつ彼女のお気に入りであるような何かが存在する」と読まれる。この翻訳は、（4^*）とは異なり、「白いものであれば何でもお気に入りだ」と主張しているわけでないので、先ほど指摘したような問題が生じることはない。だが、ここに現れる変項 "x" の値は何らかの色（白と同一の何か、つまり白）である。したがって（4^{**}）が（4）の適切な翻訳であれば、結局のところ（4）は性質の存在にコミットしていることになる。

---

[6] ここでの「$x = 白$」（白と同一である x）は、「x は白い」と区別されなければならない。後者の変項 "x" は、白いものを値としてとるのに対し、前者の "x" は白さという性質自体をその値とする。

ミノル もっと簡単に言えば、(4) のような発言をする人は、個々の白いものについて何事かを述べているわけではなく、白という色そのものについて語っているということだね。

2.3　自然法則と性質

ここまではもっぱら日常的な思考や言語使用を根拠に性質の存在を擁護する議論を見てきたが、すべての実在論者たちがこうした議論を行うわけではない。最後に、規則性に関する「反ヒューム主義」の立場から性質の存在を擁護する立場を短く検討することによって「バランス」をとることにしたい。以下で検討する立場は次のテーゼに要約される。

　　(C) 自然法則にもとづく規則性の説明は性質（普遍者）の存在を要請する。

すでに第二講義の中でも触れたように、世界のうちで成立する規則性を**自然法則**に訴えて説明しようとする哲学者たちがいる。アームストロングはそうした「反ヒューム主義者」の一人だが、彼によれば、自然法則は、個別者のあいだに成り立つ関係ではなく、性質（普遍者）のあいだに成立する関係として理解される[7]。このことを以下で簡単に解説しよう。

世界のうちには何らかの秩序ないし規則性が見出されることを否定する者はいないだろう。ふつうこれらの秩序や規則性を説明するものが自然法則であると考えられる。つまり、世界で生じる出来事のあいだの秩序や、ものの諸性質のあいだに見出される規則性は何らかの自然法則に従っているというわけである。

しかしながら「自然法則とは何であるのか」、「果たしてそのようなものが実在するのか」といった問題は今日でも哲学者たちを悩ませている。自然科学に従事する多くの科学者たちにとってこの種の問題は生じないかもしれない。というのも、彼らは、現象間に成立する何らかの規則性ないし統計学的相関をうまく説明できるものをたんに「法則」と呼ぶだけであり、その本性や存在について思いをめぐらせる必要はないからである。

一般的に、法則についての哲学的議論は「ヒューム主義者」と「反ヒューム主義者」との対立を通して語られることが多い。単純化すれば、ヒューム主義者は、

---

[7]　D. M. Armstrong, *What is a Law of Nature?* Cambridge University Press, 1983.

世界のうちに規則性が認められること自体を否定はしないが、それが法則によって支えられていることを否定する。彼らにとって自然法則といったものは存在せず、あるのはたんなる規則性にすぎない。これに対し、反ヒューム主義者はたんに偶然的な規則性から法則的な規則性（真正な自然法則）を区別できると主張する。

次の二つの事例を比較してみよう。[8]

（5）すべての金塊は直径 1km 未満である。
（6）すべてのウランの塊は直径 1m 未満である。

（5）は、たとえ過去・現在・未来のすべての金塊に当てはまるとしても、たんに偶然的な規則性にすぎない。これに対し（6）は偶然的な規則性ではない。なぜならウランは臨界量以上集めれば核爆発（連鎖反応）を起こすからである。したがって、われわれは「いかなるウラン塊も、自然的または物理的必然性によって（of natural or physical necessity）、直径 1m を超えることはありえない」と述べたくなるであろう。反ヒューム主義者にとって、この（6）こそが自然法則にもとづく規則性である。（繰り返すが、直径 1km の金塊が存在することを妨げるものは、自然の中には何もない。たとえそうした巨大な金塊が宇宙の歴史のなかで一度も現れることがなかったとしても。）

（古典的な）ヒューム主義者によれば、「法則」と呼ばれるものは個別者への量化のみを含む全称命題（AL）によって表現される。

（AL）すべての x について、x は F であれば、x は G である。（$\forall x(Fx \rightarrow Gx)$）

ヒューム主義者が正しければ、先ほどの（6）も（AL）という論理形式をもつことになる。しかし、そのように捉えると（6）を（5）から、すなわち「法則的な一般性」を「偶然的な一般性」から区別できないことになる。これは反ヒューム主義者にとって回避したい結論である。

反ヒューム主義者の一人であるアームストロングによれば、自然法則は、直接的には個別者に関するものではなく、普遍者（性質）に関する規則である。したがって法則は（AL）ではなく、次のようなかたちで表現されなければならない。

---

[8] cf., E. J. Lowe, *The Four-Category Ontology*, Oxford University Press, 2006: Ch. 9.

("N" は「必然化する」と読まれる。)

　　　（NL）N(*F*, *G*)（*F*性は*G*性を必然化する）

　この（NL）は最も単純な法則を表す論理形式だとされる。すなわちそれは二つの性質（*F*性と*G*性）が**必然化関係**（necessitation）と呼ばれる高階の関係に立つことを示している。(NL）は（AL）を含意するが、その逆は成り立たない。(たとえば、「金であるという性質は、展延性を必然化する」（NL）は、「すべての金塊は展延性をもつ」(AL）を含意するが、「すべての金塊は直径1km未満である」(AL）は「金であるという性質は直径1km未満性を必然化する」(NL）を含意しない。)

ユイ　うーん。分かったような、分からないような…。要するに、全称命題（AL）で表現される規則性には、たんに偶然的に成り立つような規則性も含まれてしまうからダメってことね。だから、そうした偶然的規則性を排除するために、自然法則は（NL）のような形式で書かれなければならない、と。

ミノル　でも、（AL）は通常の個別者のみを量化するから、性質へのコミットメントは含まないのに対し、(NL）は関係（N(*x*, *y*)）の変項の値として性質（*F*性と*G*性）をとるので、当然、性質の存在を含意するということか。つまり、偶然的でない規則性を自然法則によって説明し、なおかつ自然法則の適切な表現を（NL）だと捉える立場にとって、性質の存在は欠かせないということになる。

　アームストロングの見解が正しければ、自然法則に関する実在論は、普遍者（性質）に関する実在論を含意することになる。ちなみにアームストロングはこうした実在論を「**科学的実在論**」(scientific realism）と呼んでいるが、この用法は一般的な「科学的実在論」の意味から（かなり）逸脱することを付け加えておく。

3　ミニマルな実在論

　これまで論じてきたのは、かなり「粗い」状態における実在論であり、そこに様々な問題が残されていることは否めない。以下でわれわれは、現代存在論による実在論の「洗練化」の試みを検討することにしたい。ここで主に参照されるのは、2.3節で言及したアームストロングである。彼がなした現代存在論への貢

献はいまさら強調する必要もないほどだが、とりわけその「ミニマルな実在論」（minimal realism）は、最終的にそれに賛同するか否かは別として、性質の実在論をめぐる今日の議論にとって不可欠だと考えられる。[9]

3.1 述語と性質

ミノル 「ミニマルな実在論」ってどんな実在論なのかな？ 「ミニマル」という語は「最小限の」という意味だよね。

ユイ このネーミングから推測すると、いままでの「イケイケどんどん」の放埒な実在論にタガをはめようということかしら？

そのイメージはあながち間違ったものではない。「ミニマルな実在論」の内実を理解するために、次のようなQ&Aを検討することからはじめよう。[10]

Q1：述語は性質を表す言語表現である。このことは疑いえないように思われる。それでは、すべての述語は何らかの性質を表現するのか？
A1：ノー。述語の中にはいかなる性質も表現しないものがある。

性質は主に述語（および述語から派生した表現）によって表現される。たとえば、白さや立方体であるという性質は「（は）白い」とか「（は）立方体である」という述語によって表現される。このように性質が述語と密接な関係に立つことは明らかである。しかしながら、ミニマルな実在論によれば、すべての述語が何らかの性質に対応すると考えることは馬鹿げている。

ユイ ミニマルな実在論はどんな述語を念頭においているの？

まずは理解しやすい例から検討しよう。「光速よりも速い」や「円い四角であ

---

[9]　アームストロングの普遍者に関する理論は、「抑制された実在論」（moderate realism）とも「普遍者の点在説（まばら説）」（sparse theory of universals）とも呼ばれる。幸いなことに、今日われわれはアームストロングの「ミニマルな実在論」に日本語でアクセスすることができる（D. M. アームストロング『現代普遍論争入門』、秋葉剛史訳、春秋社、2013年）。
[10]　以下の議論は、D. M. Armstrong, *A Theory of Universals: Universal & Scientific Realism Vol. II*, Cambridge University Press, 1978を下敷きにしている。

る」は述語であるが、それらに対応する性質は存在しない。

ミノル たしかにヘンな述語かもしれないけど、「速いよりも光速」とか「である四角円い」とは違って、きちんとした語の並びだよね。いちおう意味は分かるし。

　それらが有意味な述語であることは認めてもよい。だがこの有意味性を根拠にして、しばしば誤った論証がなされてきた。それは「**意味による論証**」(the Argument from Meaning) と呼ばれる。この論証は次のようなかたちをとる。①「光速よりも速い」や「円い四角である」といった述語はそれらに対応する性質がなければ意味を欠くはずである。しかし、②それらは有意味である。したがって、③それらに対応する性質が存在するはずだ。アームストロングによれば、これは述語（言語表現）の意味と性質を取り違える誤った論証である。

ミノル 性質は述語の意味と混同されてはならないということは分かったけど、「光速よりも速い」や「円い四角である」といった述語には対応する性質が存在しないことはどうやって正当化されるの？

　それを正当化する原理の一つが「**例化原理**」(the Principle of Instantiation) である。

　　(I) **例化原理**：すべての性質 F について、F を例化する x が存在する。

ユイ 光速よりも速く移動するものは存在しないし、円い四角であるものも存在しないので、そうした「性質」は存在しないってことね。F が性質である限りは、それを例化するものが存在しなければならない。この講義の中でもすでにそうした立場への言及があったわ。たしか「アリストテレス主義」と呼ばれていたような気がする。

　次にやや論争的な事例を考察してみよう。アームストロングによれば、「自分自身に同一である」(is identical to itself) という述語はいかなる性質にも対応しない。

ミノル それはおかしいな。どんなものだって自分自身に同一でなきゃならないよね。だから自己同一性が例化原理を満たしているのは明らかでしょ。

たしかにミノル君の指摘は正しい。「自己同一性」は例化原理に違反していないように見える。だとすれば、それを性質と認めない理由とは何か。アームストロングは二つの理由を挙げている。われわれはこれらに名前をつけて一般的な仕方で定式化してみよう。

(II) ア・ポステリオリ原理（経験的原理）：ある述語がある対象にア・プリオリに（経験に依らずに）適合するということが判明しうるのであれば、その述語が対応するような性質は存在しない。

(III) 因果的力能の原理：ある対象が何らかの性質をもつのであれば、その性質は当該の対象に特定の因果的力能（causal power）を授けるものでなくてはならない。

まず（II）に関して言葉を補っておこう。アームストロングが自らの存在論を「科学的実在論」と呼ぶことはすでに指摘したが、それは彼の存在論が経験諸科学から乖離しないことも意味している。ミニマルな実在論にとって、どの性質が存在するのかを確定するのは哲学ではなく、経験諸科学（より限定的に言えば物理学）である[11]。ゆえに性質の存在はア・ポステリオリに（経験的に）探求されるものであり、決してア・プリオリ（経験に先立って）に確定されるものであってはならない。ミニマルな実在論者が自らを「ア・ポステリオリな実在論者」と呼ぶゆえんはここにある。

ユイ なるほど。たしかに「自分自身と同一である」という述語がどの対象に適合するのかなんてことは、経験的に調べなくてもア・プリオリに分かってしまう。だって、それはどんな対象にも当てはまるんだから。

ミノル つまり自己同一性は（II）の「ア・ポステリオリ原理」に抵触するということだね。だから、自己同一性なる性質は存在しない。

---

[11] アームストロングは自らを「物理主義者」かつ「自然主義者」と称している。ここでの「物理主義」（physicalism）とは「世界は（完成された）物理学によって完全に記述される」というテーゼを支持する立場である（D. M. Armstrong, *Nominalism and Realism: Universals and Scientific Realism Vol. I*, Cambridge University Press, 1978: 126–127）。この立場は「還元的唯物論」（reductive materialism）とも呼ばれる。彼の「自然主義」に関してはBox 6を参照していただきたい。

ついでに言えば、自己同一性は（III）の「因果的力能の原理」にも抵触する。あるものが自分自身に同一であるがゆえに何らかの結果を引き起こすことなどないからだ。これは、たとえば遺伝子がある性質をもつことによって、特定の病気を引き起こすこととは明らかに異なる。

ミノル　でも（II）や（III）の原理は少し厳しすぎるんじゃない？　そんな条件をもちだせば、論理学や数学が探求する性質はすべて存在しないということになるよ。数学者たちは、素数であるという性質を経験的な手法によって発見したわけではないし、その性質は対象に何の因果的力能も与えないよね。

　ミノル君の反論はもっともである。僕自身も（II）と（III）の原理は、存在する性質の範囲を不当に狭めてしまうような気がする。しかし「ミニマルな実在論」の眼目は、あくまでもリアルな（実在的な）性質（real properties）の範囲を画定することであり、それ以外の「性質」を「述語が世界に投影する影」として切り捨てることにある。賛同するか否かは別として、この最小限の実在論が、性質の存在に懐疑的な唯名論者たちに対しても一定の説得力をもちうることは否定できない。

3.2　否定的性質

　これから検討したいのは、いわゆる「否定的性質」は存在するのかという問いである。Q&Aのかたちで問いと答えを定式化してみよう。

> Q2：" F "が性質述語（性質を表現する述語）だとする。このとき、「F でない」が何らかの対象に適合しうるのであれば、それもまた性質述語であるのか？
>
> A2：ノー。「F でない」は性質述語ではない。すなわちそうした述語に対応する否定的性質は存在しない。

　問いQ2を具体例に即して言い換えてみよう。仮に「白い」が性質述語だとする。つまり、「白い」は、対象が白いという性質をもつことによって、当の対象に適合する（当てはまる）述語だとする。そして「白くない」という述語もまた何らかの対象に適合するとしよう。このとき「白くない」は、対象が白くないという性質をもつことによって、当の対象に適合する述語であるのか。

ミノル　「性質述語」って何だろうと思ったけど、そういうことなんだ。「白い」という述語は、このチョークが白いという性質をもつがゆえに、このチョークに適合する。だから、「白い」は性質述語だ。他方、「白くない」という述語も、「このリンゴは白くない」と正しく述べることができるから、このリンゴに適合することは間違いないよね。

ユイ　でも、「白くない」は、ある対象が白くないという性質をもつがゆえに、その対象に適合するような述語なのかな？　何だかヘンな感じがする。

　問題はそこにある。なるほど否定的述語（「白くない」）はきちんとした表現であり、多くの対象に適合する。しかしこのことから、否定的述語に対応する否定的性質の存在を導くことはできないとアームストロングは主張する。以下で主要な論証を見ていこう。

　第一の論証は次の通りである。「Fでない」という述語が多くの対象に適合するとき、それらの対象が何らかの点において同一であるがゆえにその述語が適合すると主張することは信じがたい。

　この論証を簡単に言い直してみよう。「白くない」という述語が多くの対象に適合することはたしかである。その述語はこのリンゴにも、この黒板にも、このパソコンにも適合する。しかし、当の否定的述語は、これらの対象がある共通点をもつことによって、つまりそれらが白くないという性質を共有することによって適合すると考えるのはおかしい。

　それでも「おかしくない」と言い張る人のために、もう少し言葉を足しておこう。一般的に、複数の対象がある共通点をもつとき、それらの対象は互いに類似していると言われる。だが、それらがFでないという点において類似していると考えるのは奇妙であろう。ちょっとした思考実験をしてみよう。aとbという二つの対象があるとする。aはGという性質のみをもち、bはHという性質のみをもつと仮定する。当然、この仮定よりaもbもFという性質をもたない。したがって、aにもbにも「Fでない」という述語が適合する。だが、このことからaとbは類似していると言えるだろうか。言えないだろう、というのが第一の論証の骨子である。

ユイ　否定的性質を認めてしまうと、何の共通点もない二つの対象のあいだに、い

つでも「否定的な共通点」を見出せることになってしまうわね。これってやっぱりおかしい。

　第二の論証に移ろう。この論証はアームストロングがマクタガート（J. McTaggart）から拝借したものであり、おおよそ次のように要約される。「否定的性質を認めると、あらゆる対象がまったく同じ数の性質をもつという結論が導かれてしまう。この結論およびその導出の仕方は許容しがたいので、否定的性質は存在しない」。

ミノル　すべてのものがまったく同じ数の性質をもつ?!

　直観的には奇妙だが、論理的に考えれば、そうした結論が導かれる。これを説明しよう。すべての対象は、各々の肯定的性質について、それをもつか、それを欠くかのいずれかである。肯定的性質（F）を欠く場合、それに対応する否定的性質（Fでない）をもつと仮定する。そうすると任意の対象がもつ性質のクラスと、それとは別の対象がもつ性質のクラスとのあいだに一対一の対応関係が作れてしまう。だからあらゆる対象はまったく同じ数の性質をもつことになる。

ユイ　信じがたいけど、こういうことかな？　ミノル君とこの机で考えてみると、ミノル君は、学生であるという肯定的性質をもつ。でもこの机はその性質を欠くので、学生でないという否定的性質をもつ。ミノル君は日本で誕生したという肯定的性質をもつけれど、この机は中国製だからその性質を欠く。つまり、日本で誕生しなかったという否定的性質をもつ。逆に、この机は木製であるという肯定的性質をもつけれど、ミノル君はその性質を欠くので、木製ではないという否定的性質をもつ。これをすべての性質について延々と続けていけば、ミノル君がもつ肯定的性質に、この机がもつ否定的性質を対応づけることができるし、逆にこの机がもつ肯定的性質に、ミノル君がもつ否定的性質を対応づけることができる。何だか騙されているみたいだけど、ミノル君とこの机がもつ性質の数は同じになってしまうわね（図5）。

ミノル　同じことが僕とこの机だけのあいだに成り立つわけではなく、僕とこのリンゴとのあいだにも、この机とこのチョークのあいだにも成り立つ。つまり任意の対象において成り立つ。だから「すべての対象はまったく同じ数の性質をもつ」と

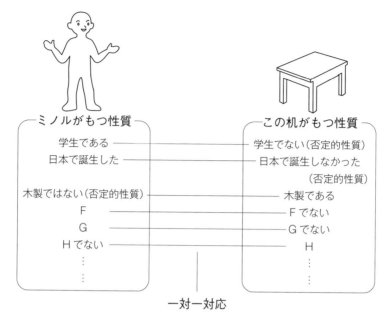

図5　ミノルとこの机はまったく同じ数の性質をもつ

いう驚くべき結論が得られてしまうんだね。

　否定的性質の存在を容認するとこうした奇妙な結論が導かれるので、否定的性質は認めないというのが、この論証のポイントであるように見えるが、実を言えば当の結論よりも、その導き方自体に問題があると述べることもできる。これを以下で説明しよう。いま次のように反論する者が現れたとしよう。すなわち「すべての対象が同じ数の性質をもっていて何が悪い」と。たしかに先の結論は奇妙なものであったが、それで何が悪いと開き直ることもできる。しかしこの種の反論に対して、前節で見た「ア・ポステリオリ原理」の精神に反すると再反論することができよう。このケースでは、否定的性質を認めると、任意の二つの対象が同じ数の性質をもつことがア・プリオリに決まってしまうのでダメだということに他ならない。「ア・ポステリオリ原理」を受け入れる者であれば、対象がどのような性質を、どれだけの数もつのかは、あくまで経験的な仕方によって探求されなければならないと考えるはずだ。

ミノル　この論証は理解できたけれど、日常的に僕たちは「無臭である」とか「無

香料である」とか「無農薬である」という述語を使っているし、それらに対応する否定的性質があると考えているよね。実際、健康食品店の「無農薬野菜コーナー」には、農薬を使用していない（無農薬性）という共通点をもつ野菜たちが並べられているように見えるけど。

　たしかにそのように見える。また、「否定的性質」を用いた分類はしばしば効率的ですらある。しかしミニマルな実在論は、そうした日常的信念や効率性と先ほど指摘した困難を天秤にかけ、後者の方を重く見るのである。

3.3　選言的性質

　述語は言語表現である。当たり前であるが、複合的な言語表現は、ある文法規則に従って、より単純な言語表現から合成される。前節で見たように"F"が述語であるならば、「Fでない（非F）」もまた述語である。これは否定という操作だけに限ったことではない。"F"と"G"がともに述語であれば「FまたはG」もまた述語である。こうした「選言的述語」に対応する性質は存在するのであろうか。この問いとそれに対する答えをQ&Aのかたちで表してみたい。

　　Q3："F"と"G"がともに性質述語であれば、「FまたはG」もまた性質述語であるのか？（ただし「FまたはG」が適合する対象は存在すると仮定する。）
　　A3：ノー。「FまたはG」は性質述語ではない。したがって、FまたはGであるという選言的性質は存在しない。

　直観的に考えても、問いQ3に「イエス」と答えることは憚られるだろう。そもそも「何かが白いまたは円いという性質をもつ」などという言い方は日常的に耳にするものではない。だが日常的に馴染みがないからといって、ただちに選言的性質の存在が否定されるわけではない。それは普段の言い回しから否定的性質の存在が受け入れられるわけではないのと同様である。選言的性質の存在は哲学的論証によって否定される必要がある。以下で三つの論証を見ておこう。

　第一の論証は次のようなかたちをもつ。aとbという二つの対象があるとしよう。いまaはF性をもつがG性を欠いている。当然、aには「FまたはG」とい

う述語が適合するだろう。他方、b は F 性を欠くが G 性をもつ。これより b にも同じ述語「F または G」が適合する。[12] だがこのことから、a と b はある点において類似している、すなわち a と b は、F または G という性質を共有すると考えるのは馬鹿げている。

ユイ F または G であるという選言的性質を認めてしまえば、実際には a と b には何の共通点もないのに、両者が選言的性質において一致するということになってしまうのね。

ミノル たとえば僕は学生でこの机は木製だから、僕とこの机は、学生であるかまたは木製であるという性質において一致するということか……。やっぱり選言的性質には無理があるよね。誰かに「僕とこの机は、学生であるかまたは木製であるという点において似ているんですよ」と言ったら卒倒されそうだね。

　第二の論証に移ろう。いま対象 a が F 性をもつと仮定する。そうすると a には「F または……」というかたちをもつ無数の述語が適合する（「……」には何らかの述語が入る）。こうした述語が性質述語だとすれば、a は無数の（少なくとも存在する性質の数だけ）選言的性質をもつことがア・プリオリに知られることになる。しかしこれは「ア・ポステリオリ原理」の精神に反する。

ユイ なるほど。対象がどのような性質をもつのか、そしてどれだけの数の性質をもつのかはア・ポステリオリな探求によって決まるという前提が正しければ、それはまずいわね。ミノル君が学生であるということだけから、ミノル君は、学生であるかまたは会社員である、学生であるかまたはダンサーである、学生であるかまたはネコである…といった無数の性質をもつことが導けてしまう。

　第三の論証は「因果的力能の原理」に訴えるものである。復習しておくと、それは「ある対象が何らかの性質をもつのであれば、その性質は当該の対象に特定の因果的力能を授けるものでなくてはならない」という原理であった。前節で僕は、この原理は何かが性質であるための必要条件として厳しすぎるのではないかという指摘をしたが、それはともかくとして、選言的性質がこの原理を満たさな

---

[12] 蛇足かもしれないが、一応確認しておくと、「F または G」という述語は、F 性と G 性のうち少なくとも一方の性質を例化するすべての対象に適合する。

いことは明らかである。いま a は F 性をもつが G 性を欠くと仮定する。これより述語「F または G」は a に適合する。だが a が因果的に作用するとき、それはたんに F 性のおかげで作用するはずである。F または G という性質は、a に何の因果的力能も与えない。したがって、F または G という選言的性質は認められない。

先ほどの議論では省略したが、これは否定的性質についても当てはまる。否定的性質もまた、対象に因果的力能を授けるものではない。「無農薬の野菜が彼の健康を増進した」という文において、野菜のもつ無農薬性が彼の健康を増進した原因のように見えるが、それはあくまでも見せかけであって、実際に因果的力能を与えているのは何らかの肯定的性質（たとえばビタミンやカロチンに関する性質）であるはずだ。

3.4 　連言的性質と構造的性質

前節までの議論で、否定的性質および選言的性質の存在は否定された。それでは一切の**複合的性質**（complex properties）の存在は認められないのか。そうではない。アームストロングは少なくとも二つのタイプの複合的性質を認めている。一つ目のタイプは「**連言的性質**」（conjunctive properties）、二つ目のタイプは「**構造的性質**」（structural properties）と呼ばれる。

まず連言的性質について簡単に見てみよう。すでにお馴染みの Q&A のかたちで問いと答えを提示しておく。

> Q4：“F” と “G” が性質述語だとすれば、「F かつ G」もまた性質述語であるのか？（ただし「F かつ G」が適合する対象は存在すると仮定する。）
> A4：イエス。「F かつ G」は性質述語であり、F かつ G であるという連言的性質は存在する。

アームストロングは連言的性質を擁護するために多くの労力を注いでいるが、これを幾分単純な仕方で解説することにしたい。まず、連言的性質は、例化原理を満たしていさえすれば、ア・ポステリオリ原理にも、因果的力能の原理にも抵触するように見えない。この限りにおいて、連言的性質の存在を否定する特段の理由は見当たらない。

次に、「単純な性質のみが存在する」という立場に対して、アームストロングはすべての性質が複合的である可能性を示唆している。これは個別者を無限に分割できる可能性とのアナロジーで捉えられる。つまり個別者をいくらでも小さな

部分に分割できることは少なくとも論理的に可能であるのと同様、性質をいくらでも小さな部分に分割することは可能である。より正確に言えば「すべての性質 X について、$X = (Y\&Z)$ であるような性質 Y、および Y とは完全に異なる性質 Z が存在する」ことは可能である。むろん現時点で単純とされる性質は、現在の物理学が捉えている素粒子に関する諸性質であろう。しかしそれらとて、未来の物理学にとっては連言的な性質である可能性は排除できない。ゆえに「単純な性質のみが存在する」という立場は、「現在のわれわれは存在する性質について何一つ知らない」という結論を導く恐れがある。ただしこの議論は「連言的性質の存在」という特定のテーマを逸脱して、「複合的なもの一般の存在」という大きなテーマに関わるので、ここからさらに議論を続けることは断念したい。

連言的性質 $\dot{F}$ かつ $\dot{G}$ を認める者は、F 性と G 性に加えてそれらとはまったく異なる（第三の）性質が存在すると主張しているわけではない。空間的領域とのアナロジーを用いれば、たしかに福岡県は福岡市から区別されるが、完全に別のものだというわけではない。福岡市は福岡県の一部であり、両者の間には「**部分的同一性**」（partial identity）が成り立っている。これと同様に、連言的性質 $\dot{F}$ かつ $\dot{G}$ は、F 性（あるいは G 性）から区別される性質であるが、両性質のあいだには部分的同一性が成り立つと考えられる。

次に、複合的性質の二つ目のタイプである**構造的性質**についての検討を行いたい。構造的性質とは、複合的個別者の性質であり、その個別者の諸部分が例化する諸性質および関係から成る複合的性質を指す。やや分かりにくいと思われるので、具体例に即して考えてみよう。水分子である（H_2O 分子である）という性質は構造的性質の典型である。ある分子が、水分子であるという構造的性質を例化するとはいかなることか。その分子は、二つの水素原子と一つの酸素原子から成る。言い換えれば、その分子の構成部分である三つの原子のうちの二つは、水素原子であるという性質を例化しており、残りの一つは、酸素原子であるという性質を例化している必要がある。つまり、水分子であるという構造的性質は、それら二つの性質（水素原子であるという性質と酸素原子であるという性質）から複合されている。しかしそれだけでは十分ではない。さらに、これらの性質に加え、二つの水素原子のそれぞれが酸素原子に結合しているという関係が必要となる。これを図示すると図6のようになろう。

この図6は、ある分子 w が、水分子であるという構造的性質 W を例化していることを表すものである。w による W の例化は次の五つの事態を含まなければ

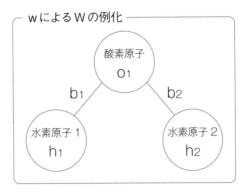

図6　ある水分子 w による構造的性質 W の例化

ならない。(以下、H は水素原子であるという性質、O は酸素原子であるという性質を表す。また B は結合関係を表す。)[13]

① h_1 による H の例化
② h_2 による H の例化
③ o_1 による O の例化
④ h_1 と o_1 による関係 B の例化（b_1）
⑤ h_2 と o_1 による関係 B の例化（b_2）

これらはすべて w の部分による性質（および関係）の例化であり、かつそれらの性質は構造的性質 W そのものとは同一ではない（H ≠ W、O ≠ W）。

だが、あくまで図6はある特定の水分子による W の例化を示したものにすぎず、それは構造的普遍者としての W それ自体を図示するものではない。

これに対し、図7は図6の構造だけを取り出したものである。この構造をもつすべての分子は、水分子であるという構造的性質 W を例化する。つまり W は、すべての水分子がもつ同型的な (isomorphic) 構造として捉えられる。[14]

---

[13]　構造的性質の厳密な定義には「事態」(state of affairs) の概念が用いられる。「性質 S は構造的である⇔ S である個別者の真部分が例化するような、S と同一でない性質 T が存在し、かつこの事態が少なくとも部分的に S にとって構成的である」(D. M. Armstrong, *Universal & Scientific Realism Vol. II: A Theory of Universals*, Cambridge University Press, 1978: 69.)。ただしこの定義を直ちに理解する人はあまりいないと思われるので、具体例を見たうえでもう一度読み直してほしい。

[14]　アームストロング自身は、メタン分子の例を挙げている。D. M. Armstrong, *A World of States of Affairs*, Cambridge University Press, 1997: 34. そこでは構造的性質は「複合的事態のタイプ」であるとも言われる。なお、構造的性質に対するルイスの批判は日本語で読むことができる。D. ルイス「普遍者の理論のための新しい仕事」、柏端達也・青山拓央・谷川卓編訳『現代形而上学論文集』、勁草書房、2006年。

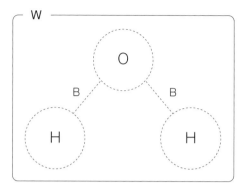

図7　構造的性質 W

ユイ　高校の化学で習う何の変哲もない構造式を実在論的に捉えると、こうなっちゃうのね。

ミノル　理解はできるけれど、お堅い例で嫌になるなあ。

　うんざりした人もいるかもしれないが、アームストロング自身は、比較的親しみやすい例も挙げている[15]。それが真正な性質であるか否かは別として、格子縞（タータン）模様であるという性質は、構造的性質の特徴を分かりやすく示すものである。

ユイ　ある織物が、格子縞模様であるためには、その織物の構成部分（糸など）が何らかの性質を例化するだけでなく、それらの構成部分がある特定の仕方で並べられる必要がある。つまり、その構成部分のあいだに何らかの関係が成立していなければならない。だから、格子縞模様は構造的性質だと言いたいのね。

ミノル　その例は理解しやすいな。だったらフランス国旗がもつトリコロールである（三色旗である）という性質も構造的性質だね。縦に三分割された旗の部分は、それぞれ青性、白性、赤性という性質を例化する。だからトリコロール性は少なくとも三つの性質から複合されている。

ユイ　それに加えて、青性を例化する部分と白性を例化する部分とのあいだ、およ

---

[15]　Armstrong 前掲書 1978 (Vol. II): 71.

び白性を例化する部分と赤性を例化する部分とのあいだに隣接関係が成立している。つまりこうした関係もトリコロール性には含まれるってことね。

　トリコロールの例は悪くないと思う。こうした例で考えると、構造的性質はそれほど日常世界から縁遠くはないということが分かるだろう。それどころか、われわれがふだん接しているほとんどの性質は構造的性質であると言っても過言ではなかろう。

3.5　付録――高階の普遍者について

　この第四講義を終えるにあたって、いわゆる「**高階の普遍者**」(higher-order universals) について短く検討したい。

ミノル　高階の普遍者?!　何だか難しい話が始まりそうだね。

　たしかに難しそうな響きをしているし、実際にきちんと論じようとすればかなり手ごわい主題である。ここでは初歩的な議論を行うだけなので心配することはないが、あまり関心のない人はスキップしてもらって構わない。(「付録」としたのはそのためである。) われわれの問いは次のようなかたちで表明される。

　　Q5：個別者は何らかの性質をもち、何らかの関係に立つ。それでは、性質と関係それ自体も、何らかの性質をもち、何らかの関係に立つのか？

　ここでは性質の性質、関係の性質、性質のあいだの関係、関係のあいだの関係といった普遍者の存在が問われている。こうした性質や関係は、個別者が例化する通常の普遍者(「一階の普遍者」)とは区別され、「**二階の普遍者**」(second-order universals) と呼ばれる。もちろん理論的には、さらに二階の普遍者が例化する「三階の普遍者」といったものも想定できるので、二階以上をまとめて「高階」と呼ぶならわしとなっている。だが、ここでは「二階の普遍者」に話題を限定したい。手始めに次の文を見てみよう。

　　(C) 赤は色である。(Red is a color.)

　この文 (C) はしばしば二階の性質を表現する例として挙げられる。すなわち

（C）では、赤性（一階の性質）による色性（二階の性質）の例化が表現されていると捉えられるのである。

ユイ　つまり色であるという性質は、個別者の性質ではなく、赤さという性質がもう性質だってことを言いたいのね。

ミノル　僕は賛成だな。赤さと黄色さが共通点をもつとすれば、それは色であるという性質を例化するからでしょ。性質が例化する性質、すなわち二階の性質の存在を認めるのはごく自然だと思う。

　アームストロングは高階の普遍者の存在を容認する立場に立つ。たとえば2.3節で見たように、アームストロングは、自然法則を普遍者のあいだに成立する必然化関係として理解するが、この必然化関係は高階の普遍者（二階の関係）に他ならない。だが他方で、彼は（C）に現れる「（は）色である」という述語が二階の性質を表現するものではないと考える。僕自身は必ずしも説得されてはいないが、アームストロングは、「**確定可能的普遍者**」（determinable universals）と称されるものは真正な普遍者ではなく、存在するのはいわゆる「**確定的普遍者**」（determinate universals）のみであると主張する。[16]たとえば、1メートルであるという確定的性質は存在しても、長さであるという確定可能的性質は存在しない。同様に、赤さが存在するとしても、色は存在しない。さらにアームストロングは、赤さと黄色さとの類似性は、高階の普遍者（たとえば色性という二階の性質）の例化によってではなく、むしろ前節で言及された「**部分的同一性**」によって説明がつくと考える。「赤い」や「黄色い」は、厳密に言えば、単一の性質によって対象に適合する述語ではなく、それらは何らかの複合的性質を表現する。いま赤さと黄色さはそれぞれ連言的性質 $F\&H$ と $G\&H$ であるとしよう。（実際にはより

---

[16]　現代存在論においてしばしば言及される**確定的／確定可能的**（determinate/determinable）の区別は20世紀初頭のケンブリッジの論理学者ジョンソン（W. E. Johnson）によるものだとされる。たとえば赤さや青さは、色という確定可能的な性質に対して、確定的な性質であると言われる。ところが今度は、緋色や深紅色が、赤さという確定可能的な性質に対して、確定的な性質であると言われるように、確定的／確定可能的という区別そのものは相対的なものである。個別者がある確定的性質をもつならば、それが属する確定可能的性質の下にある他の確定的性質をもつことはできない。たとえば、このリンゴが赤さをもつならば、色に属する他の確定的性質（青さや白さ）をもつことはできない。同様に、このリンゴが100グラムであるならば、重さに属する他の確定的性質（120グラム）をもつことはできない。確定可能的普遍者に対するアームストロングの見解の変遷については、D. M. Armstrong, *Sketch for a Systematic Metaphysics*, Oxford University Press, 2010: 21–22を参照。

複雑な構造的性質だと思われるが、ここでは議論を単純化することにしたい。）両性質が似ているとすれば、それはたんに H 性を「共通の部分」としてもつからである。ゆえに、この関係を分析するにあたって二階の性質は必要ではないとアームストロングは結論する。

いかにもアームストロングらしいやり方である。高階の普遍者を認めるとしても、「何でもかんでも認めるわけではないよ」という態度がはっきりと見て取れる。これはわれわれが高階の普遍者の典型だと考える「推移性」（transitivity）に関しても当てはまる。

　（T）関係 R は推移的である。

ミノル　たとえば、より重いという関係は推移的だよね。x が y よりも重くて、y が z よりも重いならば、x は z よりも重いからね。だから推移性は、より重いという関係がもつ性質、つまり高階の性質だと捉えるのが自然でしょ。だから（T）には何の違和感もないな。

ユイ　たしかに（T）は、関係 R が推移性という二階の性質を例化すると述べているように見えるけど、ふつう（T）は次のように定義されるんじゃなかった？

　（T*）関係 R は推移的である $\Leftrightarrow$ すべての x と y と z について、$(Rxy \,\&\, Ryz) \to Rxz$（x は y に対して R 関係に立ち、かつ y は z に対して R 関係に立つならば、x は z に対して R 関係に立つ）

その通りである。（T*）の右辺には個体を値とする変項（x, y, z）しか出てこないし、そもそも推移性の定義であるから、「推移的である」という述語は登場しない。これより「推移性は二階の性質ではない」（関係の性質ではない）とアームストロングは結論する。しかしこれに違和感を覚える人は多いだろう。いくら還元的分析ができるからと言って、推移性を個別者の性質として捉えることは理解しがたいからだ。理解しがたいというだけではない。「すべての関係が推移的であるわけではない」や「推移的である関係が存在する」といった文は真だと思われるが、こうした文は（T*）のような分析を許すようには見えない。少なくとも、その分析には「関係への量化」が含まれるに違いない。

よく知られているように、標準的な論理学（一階述語論理）において、性質（関

係）が性質をもつことを表現したり、性質（関係）を量化したりすることはできない。なぜならその言語は、二階の性質を表す定項（二階の述語定項）や、性質を値とする変項（述語変項）を含まないからである。これらの問題を解決するためには、より強力な「二階論理」(second-order logic) が必要となる。二階論理にはいくつかのメタ論理的な困難があるとしても、哲学にとって（おそらく数学にとっても）そのパワフルな表現力は大きな魅力である。たとえば哲学者がよく言及する「ライプニッツの法則」（同一者不可識別の原理）はしばしば二階論理によって表現される。

(LL) x と y が同一であれば、x と y はすべての性質を共有する。
(LL*) $\forall x \forall y(x=y \rightarrow \forall X(Xx \leftrightarrow Xy))$

(LL*) に現れる大文字の "X" は（一階の）性質を値とする述語変項である。これは個別者を値とする個体変項（小文字の "x" や "y"）とは区別される[17]。つまり (LL*) は「すべての個別者 x と y について、(x と y が同一であれば、すべての性質 X について、x が X であれば y も X であり、その逆も成り立つ)」と読まれる。後半部分を簡単に言えば、「x と y はすべての性質において一致する」となる。

これはほんの一例にすぎないが、二階論理が哲学にとって魅力的なツールであることは分かっていただけたと思う。とはいえ、「ライプニッツの法則」の例には、一階の性質への量化は見られても、二階の性質に直接関わる話題は出てこない。これを見るために次の推論を検討してみよう[18]。

①このリンゴは赤い。
②赤は色である。
∴③このリンゴがもつ色がある。

---

[17] 構文論的観点から言えば、個体変項（"x" など）は「項」(term) である限り、名前のような振る舞いをする。たとえば、それは "F" という述語記号と結合し、"Fx"（x は F である）のような論理式を形成する。それは他の項と結合しても論理式にならない。（たとえば "xy" や "ax" は論理式にならない。）これに対し、述語変項（"X" など）は、構文論的には述語として振る舞うことができる。たとえば "$\exists X(Xa)$" は「a がもつ（例化する）性質 X が存在する」と読まれる。同様に "$\forall X \exists y Xy$" は「すべての性質は、少なくとも一つの個別者 y によって例化される」と読まれる。T. Sider, *Logic for Philosophy*, Oxford University Press, 2010: 123.
[18] この論証は次の教科書から借用している。L. T. F. Gamut, *Logic, Language, and Meaning Vol. 1*, The University of Chicago Press, 1991: 169.

①と②から③を導く推論は二階論理によって表現される。(「このリンゴ」を"a"、「赤い」を"R"、「色である」を二階の述語定項"C"とする。なお"X"は述語変項である。)

①* Ra
②* CR
∴③* $\exists X(CX \& Xa)$

①が①*に翻訳されることに疑問の余地はない。疑問があるとすれば、②*に関してだろう。なぜ赤さを個体定項（名前）"r"で表し、"Cr"と翻訳しないのか。たしかに"C"を一階の述語定項とすれば、"Cr"は一階論理の枠内に収まるだろう。しかしそのように翻訳すると、赤さは、一方では性質として理解され（"Ra"）、他方では個体として理解されることになってしまう（"Cr"）。つまり、①と②において表現されていた赤さは別々の存在者だということになる。これは③を導くうえでの障害となる。ゆえに赤さは、個体定項"r"ではなく、述語定項"R"によって統一的に表現される必要がある。このような理解の下で、②*は「赤さという性質Rは色である」と理解される。つまり、ここに現れる「色である」という述語は、性質の性質を表現する。言い換えれば、色性は二階の性質として理解されるのである。こうして③*「色であるという（二階の）性質Cを例化し、かつこのリンゴaによって例化される（一階の）性質Xが存在する」が結論される。

ミノル アームストロングは「赤は色である」における「色である」を二階の性質を表す述語ではないと説いたけれど、二階論理を使えば、そのように考える必要はないってことかな？

一点だけ注意しておくと、二階述語論理が「赤は色である」といった文、およびその文を含む推論を表現できるからといって、そこから二階の性質の存在を直ちに導けるわけではない。それは一階述語論理から、直ちに（一階の）性質の存在を導くことはできないのと同様である。しかしながら、述語がもつ「存在論的含意」を真面目に考慮するのであれば、二階の述語定項を語彙にもつ論理体系は、

「二階の性質が存在する」という主張を部分的にサポートするように思われる。[19]

とはいえ、二階の述語のうちのどれが真正な二階の性質を表現するのかを判定することは至難の業である。とりわけアームストロングの「ミニマルな実在論」にとって、「どの種の二階の性質が存在するのか」という問いに整合的な仕方で答えることは困難であるように見える。なぜならミニマルな実在論は、性質の存在に関して、例化原理を要求するだけでなく、相当に厳格な経験主義的条件を課すからである。率直に言って、高階の普遍者のほとんどの候補はこうした条件を満たさないであろう。

Box 6　アームストロングへの疑問

　現代哲学における「普遍論争ルネサンス」に最も大きく寄与したのは、他ならぬアームストロングである。僕自身も、アームストロングの著作をきっかけの一つとして、普遍者の問題は今日においても論じるに値する主題だと確信するに至った。しかし僕がアームストロングの立場に全面的に賛同しているのかと問われれば、答えは「ノー」である。その理由を以下で説明しよう。

　混乱を招くことを避けるため、あえて強調はしなかったものの、アームストロングの説く普遍者とは、反復可能なものではあるが、抽象的なものではない。すなわち、それは厳密に同一のものとして、個別者たちに例化されるにもかかわらず、時空間のうちに位置をもつとされる。さしあたり時間については措いておくとしても、普遍者が空間のうちに存在するという主張は理解しがたい。もし本当にそうだとすれば、いったいどこに普遍者は位置するのか。

　アームストロングによれば、普遍者はそれを例化する個別者と同じ位置に存在する。アームストロングは、しばしば言われる普遍者の「内在主義」、すなわち「普遍者はもののうちに（in things）ある」という立場を、文字通りの空間的な位置関係として解しているふしがある。これが正しければ、赤さという性質は、まさに赤いものたちが存在する複数の空間領域に同時に存在していることになる。こうし

---

[19]　多くの論理学者（数学者）たちにとって、こうした存在論的「思弁」はあまり意味をなさないかもしれない。たしかに「二階論理は個体の性質への量化を許す」と言われるが、彼らは「個体の性質」をたんに個体の集合として片づけてしまうからである。したがって、古典的な一階論理が個体への量化のみを許すのに対し、二階論理は個体の集合への量化を許容する体系だと考えられる（H. B. Enderton, "Second-order and Higher-order Logic", in E. N. Zalta (ed.), *The Stanford Encyclopedia of Philosophy* (Fall, 2009), http://plato.stanford.edu/entries/logic-higher-order/）。また、クワインが二階論理を「偽装された集合論」と見なしたことはよく知られている。いずれにせよ、純粋に論理学的な観点から見れば、二階論理は「高階の性質」どころか、「一階の性質」にさえ結びつかないと言えよう。しかしながら、次の第五講義で見るように、哲学者たちにとってそもそも「性質＝集合（クラス）」は自明の事柄ではない。

た特異な考えは、彼の採る「自然主義」(naturalism) からの帰結であると思われる。ここでの自然主義とは、アームストロング自身の言葉を借りれば、「自然、すなわち、すべてのものを包含する単一の時空間的システム（the single spatio-temporal system）のみが存在する」という仮説を支持する立場である*1。つまり自然主義は「時空間の外に位置する存在者を認めない」立場と解される。かくして「すべての存在者は時空間のうちに位置をもたなければならない。普遍的性質（関係）は存在するので、それらもまた時空間のうちに位置をもたなければならない」という論証がなされるのである。

しかしこの帰結は端的に言って奇妙である。第一に、赤さという性質が空間的位置をもつとすれば、それはどれぐらいのサイズをしているのだろう。この赤いリンゴと同じサイズをしているのか。そうだとすれば、その赤さは、あの赤いカーテンが例化する赤さとはサイズが異なり、ゆえにそれらは同一ではないということになる。むろん、空間内に特定の位置をもつことがサイズをもつことを含意するわけではないと反論することもできよう（たとえばプロセスや出来事がそうであるように）。第二に、——こちらの方がより深刻であるが——普遍者が空間内に位置をもつという考えは、「位置づけの公理」(the axiom of localization) を放棄することを意味する*2。この公理は「いかなる存在者も、異なる場所に同時に存在することはできない」ことを説くものであり、自然主義者であれば誰しも受け入れる公理であるように見える。赤さという同一の性質が、このリンゴの位置する場所とあのカーテンが位置する場所に同時に存在するという考えは、自然主義者たちが自明と見なす公理を断念することを含意するのである。

このようにアームストロングの説く「具体的普遍者?!」は、通常の自然主義的立場と整合的であるとは言い難い。アームストロング批判の詳細については、モアランド（J. P. Moreland）の著作を参照してほしい*3。アームストロングの論証には惹きつけられるけれど、何か釈然としないと考えている人たちは、その「モヤモヤ」の原因がどこにあるのかを確認できるかもしれない。

*1　D. M. Armstrong, *Nominalism and Realism: Universals and Scientific Realism Vol. I*, Cambridge University Press, 1978: 126; 138.
*2　R. Grossmann, *The Existence of the World*, Routledge, 1992: 13
*3　J. P. Moreland, *Universals*, Acumen, 2001: Ch. 4.

まとめ

- 「あるものaがFであるという事実は何にもとづくのか」あるいは「数的に異なる二つのものaとbがともにタイプFであるという事実はいかに説明されるのか」といった問いに答える際に、普遍的性質の存在に訴える立場は

「実在論」と呼ばれた。(それ以外の立場は「唯名論」である。) 実在論者は前者の問いには「a による F 性の例化」による説明を、後者の問いには「a と b による同一の F 性の例化」による説明を与える。これらの問いにおいて求められている説明とは、因果的説明ではなく、「存在論的(形而上学的)説明」である。

- 実在論は次の三つのテーゼによって擁護された。第一のテーゼは、「普遍的性質は類似性にもとづく世界の諸事物の分類に存在論的な基礎を与える」であり、第二のテーゼは「われわれの日常的な言語使用は普遍的性質の存在にコミットしている」であった。そして、第三のテーゼは「自然法則にもとづく規則性の説明は普遍的性質の存在を要請する」と説くものであった。

- 次いでわれわれはアームストロングの「ミニマルな実在論」の骨子と問題点についてやや詳細な検討を行った。ミニマルな実在論は、伝統的な実在論とは異なり、リアルな性質と「性質もどき」を厳しく峻別しようとする理論である。この峻別の作業は、主に (I)「例化原理」、(II)「ア・ポステリオリ原理」、(III)「因果的力能の原理」にもとづいて遂行される。その結果として、例化されていない性質、否定的性質、選言的性質は存在しないと結論された。

- しかしながら、ミニマルな実在論は複合的性質の存在を認める理論である。複合的性質は連言的性質と構造的性質とに区分される。また、その理論は高階の性質(および関係)が存在すること、すなわち性質が性質をもつことや性質どうしが何らかの関係に立つことを許容する。ただし許容される高階の性質(関係)の数は、われわれが想像するよりもはるかに少ない。

第五講義

唯名論への応答

　実在論が普遍者としての性質の存在を主張する立場であるならば、**唯名論**はそうした性質の存在を否定し、個別者のみが存在すると説く立場である。これはすでに言及してきた「実在論 vs. 唯名論」の構図である。先の第四講義では、もっぱら実在論に焦点をあて、それを擁護するいくつかの議論を検討した。その中でいくつかの唯名論的アプローチに言及することもあったが、それはいわば散発的なものにとどまった。この第五講義では、よりシステマティックな仕方で唯名論からの反論を吟味することにしたい。

　「実在論 vs. 唯名論」という対立の構図はそれ自体誤ったものではないが、十分にきめ細かなものではない。実在論の中にも様々な立場があるのと同様に、ひとくちに「唯名論」と言っても、その内部において複数の立場が区別されうるからだ。われわれが以下で検討するのは、（1）クラス唯名論、（2）類似性唯名論、（3）述語唯名論、（4）トロープ唯名論という四つの立場である。

　これらの唯名論的立場を検討するにあたって、導きの糸を提供してくれるのはすでにお馴染みのアームストロングである[1]。その「ミニマルな実在論」に賛同するか否かは別として、「現代版普遍論争」を概観する際に、アームストロングの議論を参照しないことの方が難しいように見える。それほど彼の議論は、この主題に関してスタンダードなものになっているのだ。

1　クラス唯名論

1.1　クラスによる説明
　最初に、アームストロングが「**クラス唯名論**」（Class Nominalism）と命名した

---

[1]　われわれは唯名論の分類のみならず、それに関する議論の多くを D. M. Armstrong, *Nominalism and Realism: Universals and Scientific Realism Vol. I*, Cambridge University Press, 1978に負っている。

立場を検討することから始めたい。この唯名論のテーゼは次のように表現される。[2]

■クラス唯名論（CN）
（CN）a は F である ⇔ a は F のクラスのメンバーである

（CN）は、左辺で表された前分析的事実の存在論的説明（分析）を、右辺によって与えるものである。たとえばクラス唯名論者は、このチョークは白いという事実を、このチョークが、白いものから成るクラスのメンバーであることによって説明する。同様に、ユイさんとミノル君はともに学生であるという事実は、両者がともに学生のクラスのメンバーであることによって説明される。より一般的に言えば、a も b も F であるとは、それらが F のクラスのメンバーであることに他ならず、それ以上でもそれ以下でもない。

ミノル　実在論による説明との違いは、実在論が F 性（普遍者）に言及するのに対して、クラス唯名論は、普遍的性質への言及を避け、F のクラスを用いるということだね。

ユイ　世界に存在するものは、たかだか個別者とその集まり（クラス）だけであるという信念が見て取れるわ。私は学生であるという事実が成り立っているのは、私が学生であるという性質をもつからではなく、たんに学生から成るクラスに属しているからだという説明はずいぶんとスッキリしてる。

ミノル　でもクラスって普遍者じゃないの？「学生のクラス」と言っても、僕たちに見えているのは「学生」と呼ばれる個々の人間たちだけで、まさか彼らを束ねる巨大な縄のようなものが見えているわけじゃないよね。クラスそれ自体は知覚できるものではないし。

「クラス（集合）とはどのような存在者であるのか」という問いに答えるのは案外と難しい。だがクラスを引き合いに出して、「唯名論者もクラスという普遍者の存在を前提しているではないか」と反論するのはさほど有効ではない。その理由は、クラスが反復可能なものではないからである。学生のクラスは、世界中

---

[2]　ここでは集合論における**クラス**と**集合**との違いは問題とならない。ゆえに、この立場を「集合唯名論」（Set Nominalism）と呼んでもさしつかえない。なお、この講義全体において、「クラス」と「集合」は互いに交換可能な同義語として扱われる。

のすべての学生たちから成るただ一つの集まりである。「学生のクラスの実例は何か」と問うのは、「この学生の実例は何か」と問うのと同じぐらい奇妙である。つまりクラスは例化されるものではなく、したがって、抽象的対象ではあっても、少なくとも普遍者ではない。[3]これより「クラス唯名論者はクラスという普遍者に言及している」という反論は斥けられる。

1.2 例化されていない性質および共外延的性質の問題

ここで一つの問いを立てよう。クラス唯名論者はすべての性質をクラスによって説明することができるのか。彼らは、実在論に取って代わる理論を目指す以上、この問いに「イエス」と答えるはずである。これに対し、(素朴な)実在論者は次のような疑問を投げかけるかもしれない。日本の女性総理大臣であるという性質はどのようなクラスによって説明されるのか、と。

ミノル 少なくともそうした性質をもつ人物は存在しなかったし、いまも存在しないから、クラスは作れないよ。

ユイ メンバーを一つももたないクラス、つまり空クラス(空集合∅)によって説明すればいいんじゃない?

たぶんクラス唯名論者はユイさんのように答えるはずだ。しかしここで困った問題が生じる。クラス唯名論者が正しければ、100メートルを9秒台で走る日本人であるという性質もまた空クラスだということになる。これより、直観的には異なると考えられる二つの性質が同一の性質であるという結論が導き出される。ややもったいぶった論証を与えると次のようになる。

① 日本の女性総理大臣性 = ∅
② 100メートルを9秒台で走る日本人性 = ∅
③ ∅ = 100メートルを9秒台で走る日本人性 (②と"="の対称性より)
∴ ④ 日本の女性総理大臣性 = 100メートルを9秒台で走る日本人性 (①③と

---

[3] われわれはすでに第四講義(1.1節の注1)の中で、実在論/唯名論の論争は、抽象的対象一般の存在ではなく、もっぱら普遍者の存在を争点とすることを確認した。とはいえ、クラス(集合)という抽象者にコミットする存在論は「唯名論的」ではないという反論は当然予想される。だが、クラス(集合)は完全に外延的に規定されるがゆえに、他の抽象者(命題や普遍者)よりもずっと扱いやすいと考えられる。

"＝"の推移性より）

　実在論者たちはこの結論④が馬鹿げていると考える。④は、区別されてしかるべき二つの性質が同じ性質だと述べるからである。したがって、最初の問いに対して「すべての性質がクラスによって説明されるわけではない」と彼らは答える。さらにここから「クラス唯名論は実在論の代替理論として相応しくない」という結論に至る。

ユイ　クラス唯名論者たちは黙っていないでしょうね。彼らは、日本の女性総理大臣性にしても100メートルを9秒台で走る日本人性にしても、そもそも性質ではないと反論できるんじゃない？

　たしかに第四講義で言及した**例化原理**に従えば、それらの「性質」を例化する人物は一人も存在しないので、それらは性質もどきだということになる。そんな性質もどきがすべて同一になったとしても何ら問題なしと、クラス唯名論者は述べるであろう。

ミノル　うーん。たしかに生物学がツチノコやユニコーンについて説明できなかったとしても、誰も咎めることはできないよね。だって、それらは動物もどきであって、存在する動物ではないから。だからクラス唯名論者が、存在しない性質について説明できなかったとしても、それを非難することはできない……。

　一見すると、この問題は「例化されていない性質」の存在を認めるか否かに帰着するように見えるが、実を言えば、同様の問題は現に例化されている性質に関しても生じてしまう。それを示すのが、よく知られた「**共外延的な性質**」（coextensive properties）の事例である。
　使い古された例で恐縮だが、肝臓をもつという性質と腎臓をもつという性質の**外延**（extension）は互いに等しい。（「F性の外延」とは、Fであるものすべてから成るクラスだと理解してほしい。）すなわち、それらの外延はまったく同じメンバーから成るクラスである。なぜなら肝臓をもつ生物のクラスと腎臓をもつ生物のクラスは一致するからだ。性質がクラスに他ならないとすれば、当然、肝臓をもつ性と腎臓をもつ性は同一の性質だということになる（図1）。しかし実在論者にとってこの結論は許容しがたい。

第五講義　唯名論への応答　143

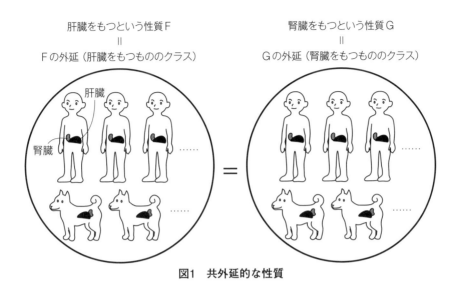

図1　共外延的な性質

ミノル　肝臓をもつ性と腎臓をもつ性は、たとえ同一の外延をもつとしても、互いに異なる性質だよね。それらが同じ性質になっちゃうなんてどう考えてもおかしいよ。

ユイ　しかもそれらは現に例化されている性質だから、クラス唯名論者は先のような言い逃れはできないと言いたいわけね。この反論は決定的なのかしら？

　クラス唯名論者は「可能世界」という理論的枠組み、とりわけその構成部分である「**可能的個体**」（possible individuals）に訴えることでこの困難を回避できると主張する。この主張を簡単に解説しよう。肝臓をもつ生物はすべて腎臓をもつ（かつその逆も成り立つ）ことは、この現実世界で成立する真理であるが、それは偶然的な真理であるように見える。これが正しければ、（現実世界とは異なる）少なくとも一つの可能世界において、肝臓をもつが腎臓はもたない生物（あるいは肝臓をもたないが腎臓はもつ生物）が存在することになる。こうした奇妙な生物は「可能的個体」と呼ばれる。もし性質の外延の範囲をすべての可能世界に拡張すれば、現実世界には存在しないような可能的個体がクラスのメンバーに入ってくる。そうすると、肝臓をもつ性と腎臓をもつ性の外延は二つの異なるクラスにな

る(図2)。したがって、性質はクラスに他ならないという立場を採ったとしても、「肝臓をもつ性＝腎臓をもつ性」という結論は出てこないというのがクラス唯名論者の言い分である。[4]

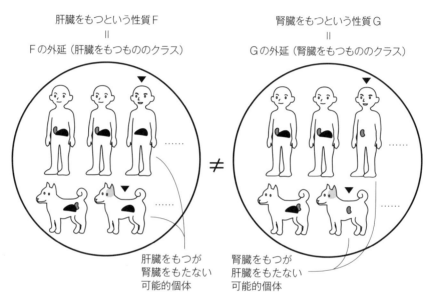

図2 可能的個体を用いた解決策

ユイ なかなか巧いやり方だとは思うけど、すぐに納得できるようなものではなさそうね。

　そう考える人はユイさんだけではない。実在論者のみならず、多くの唯名論者たちですら、性質(普遍者)の存在を否認するために、「可能的個体」という奇妙な存在者に訴えることは本末転倒していると考えるだろう。

---

[4]　共外延的性質の困難を回避できるようなクラス唯名論は、ルイス流の「様相実在論」(modal realism)にコミットせざるをえないように見える。様相実在論については、II巻の第三講義でやや詳しく検討することにしたい。

1.3 クラスの同一性基準と性質

　この節で検討したい問いは次のように表現される。クラスの同一性は、そのメンバーの同一性によって決定される。つまり、メンバーを等しくするクラスはすべて同じクラスであり、メンバーを一つでも異にするクラスはすべて異なるクラスである。同様のことが、果たして性質についても成り立つであろうか。すなわち性質の同一性は、それを例化する実例（インスタンス）の同一性によって決定されるのか。実在論者はこの問いに対して否定的な答えを用意している。

　具体的な事例を使って解説しよう。クラス S とクラス T が同一のクラスであるのは、S と T がまったく同じメンバーをもつときに限る。たとえば S = {0, 1, 2}であり、T = {1, 0, 2} であれば、S = T である。（メンバーの順番は本質的でない。）だが U = {1, 2, 3} であれば、S ≠ U である。このようにクラスの同一性基準ほど明白なものはない。ところが性質の場合、この種の同一性基準が成り立つとは考えにくい。いまクラス唯名論者の主張に従って、F 性は F のクラスに還元できると仮定しよう。この仮定が正しければ、首都性（首都であるという性質）は首都のクラスに他ならない。言うまでもなく、首都のクラスとはすべての首都をメンバーにもつクラスである（{東京, パリ, ベルリン, ソウル, 北京, …}）。しかし、このクラスに属するいずれの都市についても、このクラスのメンバーである必然性はなかったと思われる。たとえば、関ケ原の戦いで西軍が勝利していれば、あるいは明治新政府が京都からそう遠くない場所に首都を設置していれば、東京の代わりに大阪がこのクラスのメンバーに入っていたかもしれない。このとき首都のクラスは {大阪, パリ, ベルリン, ソウル, 北京, …} となろう。このクラスと先ほどのクラスは、少なくとも一つのメンバーを異にするので、同一のクラスではない。首都性が首都のクラスに他ならないとすれば、これら二つのクラスに応じて、二つの異なる首都性（首都性$_1$ と首都性$_2$）が必要となろう。だがふつうわれわれはそのように考えない。つまり東京の代わりに大阪が首都のクラスのメンバーになっていたとしても、現にわれわれが知っている首都性という性質に変化はなかったと考えるのが自然である。これより、性質の同一性はそれを例化する実例の同一性によって決定されるものではないと実在論者は結論する。性質の同一性が、クラスと同様の基準に従って決定されるものではない以上、そもそもクラスによって性質を説明することは困難であるように見える。

1.4 すべてのクラスは性質に対応するのか

　実在論者によるクラス唯名論者への反論をもう一つだけ見ておこう。1.2 節で

は「すべての性質はクラスによって説明されうるのか」という問いを立て、それに否定的な答えを示す実在論者の見解を紹介した。この節では「すべてのクラスは何らかの性質に対応するのか」という問いについて考えてみたい。

　原理的には、どのようなものの集まりでもクラスを形成することができる。東京タワーが存在し、冥王星が存在し、ミノル君の帽子が存在するのであれば、それらのみをメンバーとするクラス{東京タワー，冥王星，ミノルの帽子}が存在する[5]。このクラスは何らかの性質に対応しているだろうか。別の仕方で問うと、東京タワーがこのクラスのメンバーであることは、東京タワーが何らかの性質をもつことの説明となるのであろうか。

ミノル　まったくデタラメなクラスだね。そんなクラスがある性質に対応しているようには見えないし、そのクラスのメンバーであることが、当のメンバーについて何ごとかを説明するなんて想像できないな。

ユイ　そうねえ。東京タワーが{東京タワー，浅草，お台場，六本木ヒルズ，…}というクラスのメンバーであることは、東京タワーが東京の観光名所であるという性質をもつことを説明するっていうのはまだ理解できるけど。何の共通点も見出せないようなメンバーから成るクラスに入っていれば、そうした説明は難しいと思うわ。

　ミノル君やユイさんの言う通り、{東京タワー，冥王星，ミノルの帽子}といったクラスが何らかの性質に対応すると考えるのは困難である。むろん極めて不自然な仕方でこうしたクラスに対応する性質をこしらえることはできよう。たとえば、「東京タワーであるか、または冥王星であるか、またはミノルの帽子である」という性質がそうである。東京タワーがこの「性質」をもつことは、東京タワーが当該クラスのメンバーであることによって説明されるかもしれない。しかし実在論者はこれを不自然な操作と見なすだけでなく、そもそも選言的性質は存在しないと反論することもできる（第四講義3.3節）。

　以上のことから、実在論者たちは、すべてのクラスが性質に対応するわけではないと説く。もちろんこの結論自体は、クラス唯名論者が「性質とクラスとの正確な対応」にこだわらない限り、彼らに直接のダメージを与えるものではないが、それでも「性質とクラスは異なる存在者である」という主張を部分的にサポート

---

[5]　集積あるいはメレオロジー的和のケースとは異なり、クラスのこうした特性に対する反論はほとんど見られない。

するように思われる。

　性質とクラスを区別する実在論者は、しばしば性質はクラス以上の働きをするということ、すなわち性質はクラスよりもきめ細かく世界を記述できることを強調する。だが興味深いことに、この節の議論は「クラスの規模は、性質の規模をはるかに凌駕する」ことを示している。なぜかと言えば、何の性質にも対応しない無数のクラスが存在すると考えられるからである。いずれにせよ「性質はクラスとは異なる存在者である」という実在論者の反論は一定の説得力をもつように見える。

2　類似性唯名論

2.1　類似性の哲学

　次に検討したいのは、「類似性唯名論」（Resemblance Nominalism）と呼ばれる立場である。この立場は、ある対象が F であるという事実、および数的に異なる二つの対象が同じ F タイプであるという事実を、類似性という基礎概念に訴えて説明しようとする立場である。

　類似性唯名論者の代表格とされるプライス（H. Price）は、『思惟することと経験』（1953年）の第一章「普遍者と類似性」を次のような一節で始める。

> 　われわれが周囲の世界を考察するとき、そのうちに数多くの再現（recurrence）あるいは反復（repetition）があることに気づかざるを得ない。同じ色は多くのもののうちに何度も繰り返し再現する。同様に、形も自らを反復する。繰り返しわれわれは長方形の形をしたもの、空洞のもの、膨らんだものを目にする。ブーブー、ドシン、バン、さらさら、は繰り返し生じる。[6]

　同様にプライスは、多くものの集まりのうちに「配置の同じパターン」が繰り返し見出されることも指摘する。たとえば、一方は他方の上にある、一方は他方の内側にある、一方は他方に先行する、あるものは他の二つのものの間にある、といったパターンは多くのものの間に繰り返し現れる。

　伝統的に、これら「反復するもの」は普遍者だとされてきた。プライスはこうした伝統的哲学を「普遍者の哲学」と呼び、自らが擁護する「**本源的な類似性の**

---

[6]　H. Price, "Universals and Resemblance" (Ch. 1 of *Thinking and Experience*, 1953) in P. van Inwagen & D. M. Zimmermann (eds.), *Metaphysics: The Big Questions*, Second Edition, Blackwell, 2008: 67.

哲学」(Philosophy of Ultimate Resemblance) と対置する。本源的な類似性の哲学にとって、類似性はもっとも根源的な概念であり、性質および関係（普遍者）はむしろそこから派生するとされる。言い換えれば、類似性こそが性質（関係）を定義するのであって、決してその逆ではない。

　プライスは実在論（普遍者の哲学）の分析に対してどのような代替案を提案するのであろう。いま一度復習しておけば、実在論者にとって、赤いポストと赤いリンゴがともに赤いのは同一の赤さ（性質）を例化しているからである。つまり、赤いポストと赤いリンゴは、赤さという点で (in terms of redness) で類似している。この「……という点で」という表現が普遍者の存在を要請することは、たとえば「丸さという点で」、「草食性という点で」といった表現を考えてみれば明らかであろう。しかしプライスは、この「……という点における類似性」を「……への類似性」(resemblance toward..) というかたちに読み換えることを提案する。

ミノル　でも、いったい何への類似性なのさ？

　プライスの言葉を引いておこう。

　　何への類似性なのか。ある標準的な対象への、あるいは、私が典型例 (exemplars) と呼ぶものへの——つまりある標準的な赤い対象あるいは標準的な丸い対象などへの〔類似性である〕(Price 2008: 76)。

　ここでの「典型例」とは、普遍者ではなく、あくまでも個別的な対象であることに注意しよう。プライスによれば、目の前のサッカーボールが丸いのは、丸さという性質を例化しているからではなく、それが標準的な丸い対象（典型例）——例えばトマトや人間の頭部——に似ているから、ということになろう。ここに普遍者としての性質は登場しない。

　類似性唯名論による説明は次のように定式化することができる。

■ 類似性唯名論（RN）
　　（RN）a は F である $\Leftrightarrow$ a は F の典型例に類似している

　典型例は複数あってもよい。ただしこの場合、a は各々の典型例に似ている必要がある。たとえば、赤いものの典型例がリンゴと消防車だとしよう。a がこれ

らの典型例のどちらか一つだけに似ていたとしても、それが類似性にもとづく自然なグループのメンバーに入るとは考えにくい。というのも、どちらか一つだけに似た対象を集めてくると {リンゴ, 消防車, 梨, クレーン車, …} といった不自然なグループができあがるからである。梨はリンゴに似ていても消防車には似ていない。同様に、クレーン車は消防車に似ていてもリンゴには似ていない。

ユイ 典型例を使って性質（普遍者）を消去してしまおうとする試みは興味深いわね。世界には個別者しか存在しないにもかかわらず、a は F であるという事実は説明できてしまう。

ミノル 類似性こそが自然なグルーピングを支える原理だということになるね。典型的なコップに類似するものを集めてくるとコップのグループができ、典型的な赤い対象（リンゴ）に類似するものを集めてくると赤いもののグループができあがる。何だかとっても「地に足がついた」理論と言うか……。

　たしかにこの理論はわれわれの認識の発生論的メカニズムに忠実であるように見える。子どもたちが世界の諸事物を分類していくプロセスとはまさにこうした仕組みをもつ。彼らはある身近な対象を出発点にし、それと似たものを少しずつ集めてくるという仕方で世界をカテゴライズする。子どもは、赤さという性質を把握した後に赤いもののグループを作るわけではない。そうではなく、まずは典型的な赤い対象を把握したうえで、それと類似したものを集めてくるのである。
　「認知意味論」と呼ばれる言語学の一分野はこうした類似性唯名論との親和性をもつ。実際、認知意味論では「**プロトタイプ**」（プライスの「典型例」に相当する）への類似性にもとづいて、われわれの言語使用を支える最も基本的な認知活動（カテゴリー化）が説明される[7]。そこでは言葉による諸事物の分類を説明するために「普遍者の哲学」は必要とされないのである。
　また、類似性唯名論の原点をヴィトゲンシュタイン（L. Wittgenstein）の「**家族的類似性**」（family resemblances）の概念に見出すこともできよう（『哲学探究』第66節、第67節）。ただし家族的類似性にもとづく唯名論は、必ずしも典型例を中心とする類似性にこだわらないという点で、プライスの理論や認知意味論よりもラディカルである。『探究』からよく知られた一節を引いておく。

---

[7] G. レイコフ『認知意味論』（池上嘉彦ほか訳、紀伊國屋書店、1993年）の第1部「カテゴリーと認知モデル」を参照。

たとえばわれわれが「ゲーム」と呼ぶ一連の出来事を考えてみるがよい。私が言いたいのは、ボード・ゲーム、カード・ゲーム、球戯、オリンピック・ゲームなどである。それらすべてに共通するものとは何か。──「共通する何かがあるに違いない、そうでなければそれらは『ゲーム』と呼ばれないだろう」などと言うなかれ。──そうではなく、それらすべてに共通するものがあるのかどうか見てみるがよい。──というのも、君がそれらを見るならば、君はそれらすべてに共通するものなどではなく、様々な類似性、様々な連関性、それらの全系列をそこに見るだろうから（第66節）。[8]

　ボード・ゲームとカード・ゲームとのあいだには多くの一致が見られる。だがボード・ゲームがもつ多くの性質をカード・ゲームがもたないことも確かである。そこから球戯に移ると、さらに多くの共通点が失われると同時に、また新たな性質が現れてくる。それらすべてには「勝ち負け」という共通点があるのではないか、という反論があるかもしれない。しかし子どもが壁にボールを当て、自らそれを受けとめるというゲームに関してはどうだろうか。そこに勝ち負けがあるだろうか。こうしてヴィトゲンシュタインは、「ゲーム」と呼ばれるすべてのものに共通する性質など見出されないと結論する。見出されるものと言えば、「重なり合い交差する類似性の複雑なネットワーク」だけである。こうした類似性をヴィトゲンシュタインは「家族的類似性」と名づける。なぜならば、家族の成員のあいだには、体格、顔立ち、目の色、歩き方、気質などといった様々な類似性が重なり合い交差するからである。まさにこの意味で「『ゲーム』はひとつの家族を形成する」（第67節）と言われる。[9]

2.2　類似性唯名論への反論

　類似性唯名論は、実在論と比べて倹約的であり、かつ認識の発生論的プロセスにより忠実であるという点において、魅力的な立場であるように映る。だがそれは実在論に取って代わるような理論であるのか。以下で、実在論者から提出され

---

[8]　L. Wittgenstein, *Philosophical Investigations*, Wiley-Blackwell, 2009.
[9]　今日の視点から見れば、（生物学的）家族の比喩はややミスリーディングである。たしかに表層的な特徴に限って言えば、A家の人々には唯一の共通点など見出されないかもしれない。しかしながら、DNAの構造等に訴えて、ある人がA家の成員であるか否かは判定できると思われる。つまり、これはA家の人々のあいだに何らかの共通点があることを示唆する。とはいえ、これがゲームの分析を脅かすものではないことを付け加えておく。

うるいくつかの反論を見ることにしたい。

　まず、類似性唯名論者は、主観的あるいは相対的な観点を説明の中にもち込んでしまうという反論が挙げられる。実際、彼らの言う「典型例」は時代や文化によって異なりうるし、また個人のあいだでも異なりうる。果たしてこうした主観的なものに、aはFであるという事実を説明する役割を与えてよいのだろうか。同じ唯名論であっても、クラス唯名論に関してこの種の問題は生じない。というのもクラス自体は、われわれの認識から独立しているという意味において客観的な存在者であるからだ。

　第二に、典型例の身分に関する懐疑が取り除かれたとしても、なお類似性唯名論者に対して「aはどの点において典型例に似ているのか」と問うことは可能であろう。白い車は白い雲に似ており、同様に黒い雲も白い雲に似ていることから、白い車と黒い雲は同じグループに属するという帰結を導くことができるが、これは奇妙なグルーピングであると言わざるをえない。こうしたグルーピングがなされてしまうのは次の事実を無視しているからである。すなわち白い車が白い雲に似ていると言われるとき、白い雲は白いものの典型例として想定されており、黒い雲が白い雲に似ていると言われるときには、当の白い雲は雲であるものの典型例として想定されているという事実を。言い換えれば、前者では白さという点における類似性が、後者では雲であるという点における類似性が問題になっている。これが正しければ、われわれは「……への類似」に先立ち、あるいは、それと同時に「……という点における類似」を前提していることになろう。このことは類似性唯名論者が避けようとした同一の性質（普遍者）を要請することに他ならない。

　第三に、次のようなケースを想定してみよう。論理的には、世界の中に白いものが一つだけしか存在しないことは可能である。この白いものをaとする。類似性唯名論者によれば、aが白いという事実は、それが何らかの白いものの典型例に類似していることから説明されるが、このケースにおいては白いものは一つしか存在しないので、こうした類似関係が成り立つようには見えない。したがって、彼らはaが白いという事実を説明できないことになる。むろん類似関係は反射的である（自分自身について成り立つ）がゆえに、少なくともaはaに類似していると反論することもできよう。だが当の類似性唯名論者でさえも、そうした「空虚」な類似性によって、aが白いという事実を説明できるとは考えないはずである。これに対し、性質と例化関係にもとづいた説明を行う実在論者は、この種の困難とは無縁である。

最後に言及したいのは、説明の順序に関する反論である。「aとbは似ているがゆえに、aとbは同じ性質もつ」という説明は、説明の順序として不自然である。むしろ「aとbは同じ性質をもつがゆえにaとbは似ている」という説明の方がより自然であろう。この種の反論はクラス唯名論にも当てはまると思われる。すなわち「ある対象がFのクラスに属するがゆえにF性をもつ」という説明よりも、むしろ「ある対象がF性をもつがゆえにFのクラスに属する」という説明の方がより自然である。残念ながら、説明の順序に関する「自然さ」は絶対的な基準ではないが、それでもこの種の直観への合致が理論に求められる美徳の一つであることは疑いえない。

3 述語唯名論

3.1 正統派の唯名論

クラス唯名論と類似性唯名論に続いて検討したいのは、「**述語唯名論**」（Predicate Nominalism）と呼ばれる立場である。この立場は、「唯名論」という言葉の原義（「普遍者をたんなる名にすぎないと捉える立場」）にもっとも近いという意味で、「正統派の唯名論」と言えるかもしれない。述語唯名論のテーゼは以下の通りである。

■述語唯名論（PN）
　　（PN）aはFである ⇔ 述語 "F" はaに適合する（apply to）

これまでほとんど説明もなしに、"F" という述語表現が対象に適合するという関係に言及してきたが（第四講義）、述語唯名論者にとってこの関係は、それ以上遡って定義されえない原始概念である。だが、われわれはその関係を正確に理解しているはずだ。たとえば、「本田圭介はサッカー選手である」と言われるとき、「サッカー選手である」という述語は、本田圭介という対象に適合している。それに対し「野球選手である」という述語は、田中将大には適合するが、本田圭介には適合しない。ここではあくまでも、言語表現と対象との関係が問題となっていることに注意しよう。この意味において、適合関係は、いままで言及した他の原始的関係（例化関係、メンバーシップ関係、類似関係）とは根本的に異なる。なぜなら他の諸関係における関係項に言語表現それ自体が含まれることはなかったからである。述語唯名論者にとって、aはFであるという事実が成り立つのは、Fのクラスがaをメンバーとするからではなく、Fの典型例にaが似てい

るからでもなく、いわんや F 性が a によって例化されるからでもなく、たんに "Ḟ" という述語（言語表現）が a に適合するからである。

ミノル　すごくそっけない説明だね。「ある対象に "F" という述語が当てはまるがゆえに、その対象は F である」と言っているだけでしょ。

ユイ　「同一の性質を例化する」という実在論的説明を、「ある述語表現が対象に適合する」という説明に還元してしまうのね。a と b はともに白いという事実を、同一の性質（白さ）の例化に訴えるのではなく、たんに「白い」という述語が a にも b にも適合するという事実によって説明してしまう。述語唯名論者に従えば、結局のところ実在論者は、たんなる言葉遣いの問題を世界の側に愚直に投影して、性質という普遍者を捏造してしまったということになるわね。

3.2　述語唯名論への反論

ミノル　僕は述語唯名論のやり方に違和感を覚えるな。述語の適合がそれ以上遡って説明しえない原始的事実だと考えるのはおかしいよ。「なぜこの述語がこの対象に適合するのか」という問いはまったく正当な問いだし、何らかの仕方で答えられる必要があると思う。ただし、「僕たちが慣習的にそうした言語遣いをしてきたから」という仕方ではなく、何らかの「客観的」な仕方でね。つまり述語の適合は、僕たちから独立して世界に存在するものによって説明される必要があると思うんだ。そうすると性質はふたたび登場せざるを得なくなる。a が F 性を例化しているがゆえに、F 性を表現する述語 "F" は a に適合するというふうにね。

　述語唯名論にまつわる困難はいくつもある。まず、ミノル君も指摘してくれたように、述語唯名論は、類似性唯名論と同様に、「客観性の要請」を満たすとは言い難い。むろん述語唯名論者の言う「適合」は純粋に主観的なものではなく、ある言語共同体の「取り決め」に負うところが大きいと思われるが、そうした取り決めがシステマティックに誤っている可能性は排除できない。（たとえばクジラに「魚である」という述語を適合させるなど。）次に、述語唯名論は、他の唯名論的立場と同様に、説明の順序に関する困難を抱えている。はたして述語 "F" が a に適合する事実は、a が F 性をもつという事実を説明するのであろうか。むしろ説明の順序としては「逆」の方が適切であるように思われる。つまり、a による F 性の例化こそが、述語 "F" の a への適合を説明するように見えるのである。

最後に、ある思考実験を行って述語唯名論への反論を終えることにしたい。ある特定のシマウマ（「シマちゃん」と名づける）は草食動物である。いまわれわれの言語が「草食である」という述語をもたなかったと仮定しよう。これよりシマちゃんは、草食であるという性質をもたないという結論が得られるだろうか。この結論に同意することはなかなか容易ではない。述語唯名論者は、ものが性質をもつという事実を、述語が対象に適合することによって説明するのだから、「草食である」という述語なしに、シマちゃんは草食であることを説明することはできない。ところがわれわれは、「草食である」という述語が入手可能であるか否かとは無関係に、シマちゃんは草食であると考えるはずである。これが正しければ、述語唯名論者のテーゼ（PN）「a は F である ⇔ 述語 "F" は a に適合する」は信憑性をもたない。

ミノル　わざわざ反事実的な思考実験に訴える必要すらないと思うよ。シマウマたちは、人類が誕生するはるか以前からアフリカの草原を駆け回っていたんだよね。つまり「草食である」なんて述語が拵えられるはるか以前から彼らは存在し、草を食べていた。述語唯名論者は、当時「草食である」という述語は存在しなかったから、シマウマたちも草食でなかったとでも言いたいのかな？　もしそうであれば、述語唯名論はあまりにも「人間中心的」な立場だよ。

4　トロープ唯名論

4.1　実在論の代替理論としてのトロープ理論

すでに第三講義の中でも触れたように、「トロープ」（trope）とは個別的性質の現代的名称である。今日、多くの哲学者たちは、様々な角度からトロープがもたらす理論的利点を指摘しており、彼らの**トロープ理論**（trope theory）は現代存在論のうちで確固たる地位を占めるに至っている。ここでは主に「実在論の代替理論」としてのトロープ理論（これを「**トロープ唯名論**」と呼ぶ）に焦点を当てて議論を行うが、それに先立ってトロープの主要な特性について短い解説を付して[10]

---

[10]　トロープ理論の出発点はウィリアムズの次の論文にあると言われる。D. C. Williams, "On the Elements of Being: I", *Review of Metaphysics*, 7, 1953: 3–18, Reprinted in D. H. Mellor & A. Oliver (eds.), *Properties*, Oxford University Press, 1997: 112–124. 近年わが国においてもトロープについての本格的な研究書が現れた。秋葉剛史『真理から存在へ──〈真にするもの〉の形而上学』（春秋社、2014年）がそれである。ただし、この著作は、実在論の代替理論としてのトロープ理論というよりは、むしろその truthmaker 理論への貢献に焦点を当てるものである（Box 7を参照）。

おきたい。
　これまでに検討した三つの唯名論的立場はすべて何らかの仕方で性質を消去しようとするものであった。むろんトロープ唯名論も、唯名論の一種である限り、普遍者としての性質が存在することを否定する。しかしながら、この立場が先の三つの立場と異なるのは、性質の存在にはコミットするという点である。ただしその性質とは、実在論者たちが考えるような普遍者としての性質ではなく、個別者としての性質である。
　ごく大雑把に定式化すると、トロープ唯名論のテーゼは以下のように表現される。(もう少し詳細なテーゼは後ほど提示する。)

■トロープ唯名論1（TN1）
　（TN1）aはFである ⇔ aはFトロープをもつ

　（TN1）によれば、このリンゴが赤いという事実は、このリンゴが赤さトロープをもつことによって説明される。同様に、このボールが丸いという事実は、このボールが丸さトロープをもつことによって説明される。標準的な見解に従えば、ここでの赤さトロープと丸さトロープは、それらをもつ対象に固有の性質であり、他の対象に移転不可能である。
　あまりピンとこない人のために、「タイプの一致」に関する例で考えてみよう。いま次のような事実が成り立っているとする。

　　（1）aとbはともに赤い。

　繰り返し述べてきたことだが、実在論者たちは（1）の事実を、同一の性質の例化によって説明する。すなわち（1）は、aとbが同一の赤さという性質を共有することによって説明される。ところがトロープ唯名論者たちはこうした「同一の性質」（普遍者）に訴えることができない。よって（1）は次の（1^*）によって説明されることになる。

　　（1^*）aの赤さトロープとbの赤さトロープはよく似ている。

　類似性に言及するという点において、トロープ唯名論は先に検討した類似性唯名論と緊密な関係に立つ。しかしこの立場がたんなる類似性唯名論と異なるのは、

（1）を説明する際に、aの赤さトロープとbの赤さトロープという二つの数的に区別される性質に言及する点である。

4.2 トロープの主要な特性とそれにもとづく「構築」

しばしばトロープは次のような特性をもつ存在者として理解される。[11]

(a) 個別性
(b) 単純性
(c) 抽象性

トロープが個別的なものであるとは、トロープが時空的位置をもつこと、すなわち、それをもつ具体的個別者の占める時空領域に存在することを意味する。たとえばこのリンゴの赤さトロープは、このリンゴが位置する時間および空間領域のうちに存在する。次に、トロープが単純なものであるとは、それがリアルな構成部分をもたないことを意味する。これを**事態**（state of affairs）との比較によって説明してみよう。（「事態」とは、ある対象がある性質をもつこと、または複数の対象がある関係に立つことを指す。成立している事態は「事実」（fact）とも呼ばれる。）このボールは丸い（this ball's being round）という事態は、このボールという具体的個別者、および丸さという普遍的性質から成る複合体であるのに対し、このボールの丸さ（the roundness of this ball）というトロープは、このボールや丸さを構成部分としてもつわけではない。（ただしこのことは複合的トロープがあることを排除しない。だが複合的トロープの部分は思考のうちにおいてのみ分離されうる。）

ユイ 最後の「抽象性」というのはよく理解できないわ。トロープは個別的だから時空領域に特定の位置をもつわけでしょ。それが「抽象的」だなんて形容矛盾じゃない？

この用語法がミスリーディングであることは否めない。しばしばトロープは「抽象的個別者」（abstract particulars）と呼ばれるが、ここでの「抽象性」は、時空間のうちにないという意味ではなく、複数のトロープが同時に一つの場所に位置しうることを意味する。これはトロープの「共在」（compresence）と言われる現[12]

---

[11] A. Maurin, *If Tropes*, Kluwer, 2002: Ch. 2を参照。
[12] 「抽象性」のもう一つの意味は認識論的なものである。たとえばこのリンゴの赤さトロープは、

象であり、具体的個別者には決して見られない特徴の一つだとされる。一例を挙げれば、このキャンディーの諸トロープ（赤さトロープ、丸さトロープ、甘さトロープなど）は、まさにこのキャンディーのある場所に同時に存在する（共在する）。

　キャンベル（K. Campbell）に代表される現代のトロープ論者たちは、アリストテレスの伝統に反して、トロープを、通常の具体的個別者に依存することのない「独立的存在者」と見なす。さらにキャンベルらは、トロープこそが最も基礎的なカテゴリーであり、他の諸カテゴリーはトロープから構築（構成）されると説く。つまり彼らによれば、トロープは、先ほど挙げた三つの特性に加えて、「**独立性**」と「**根元性**」によっても特徴づけられる。こうした考え方をはじめて提示したのは「トロープ」という言葉の生みの親、ウィリアムズだとされる。

> 　さらなる段階に向けて踏み出したのはウィリアムズである。これらのケース（cases）、あるいは彼がそう呼んだところのトロープは、存在するものの紛れもない、独立したカテゴリーを形成するだけでなく、それらはまさしく存在の基本要素（the very alphabet of being）であり、そこから他のすべてのものが構築される（is built）か、さもなければ派生する（derives）ような、単純、基礎的、根元的なアイテム（the simple, basic, primal items）なのである。[14]

　ウィリアムズ＝キャンベルにとって、トロープは、諸カテゴリーのうちの一つではなく、唯一の真正なカテゴリーである。キャンベルがトロープ理論を「**単一カテゴリー存在論**」（one-category ontology）と呼ぶゆえんはここにある。それでは、他の「カテゴリー」（と称されてきたもの）はどのようにしてトロープから構築されるのか。

　いわゆる個別的実体（ソクラテスやこの椅子）は「**トロープの和**」（the sum of tropes）として構築される（Williams 1953: 118）。たとえばソクラテスは［ソクラテスの人間トロープ＋ソクラテスの賢さトロープ＋ソクラテスの鉤鼻トロープ…］というトロープの総和である。アリストテレス的な伝統において、独立した存在

他のトロープ（丸さトロープなど）から、実際に分離できるものではなく、心の抽象作用によってのみ切り離される。すなわち、それは現れているもののある側面に注意を向けることによって取り出される。

[13]　K. Campbell, "The Metaphysics of Abstract Particulars", P. French et al., (eds.), *Midwest Studies in Philosophy VI*, 1981, Reprinted in D. H. Mellor & A. Oliver (eds.), *Properties*, Oxford University Press, 1997: 125–139.

[14]　K. Campbell, *Abstract Particulars*, Basil Blackwell, 1990: xi.

だと見なされてきた個別的実体は、いまやトロープに依存的な存在者として捉え直されるのである。再びキャンベルの言葉を引用しておこう。

> それら（個別的実体）は共在するトロープの集まり（collections of co-located tropes）であり、ある船隊がその構成部分である船たちに依存しているのと同様に、これらのトロープに依存している（Campbell 1981: 128）。

ミノル なるほど。たしかに船隊は、個々の船から成るものだし、それらに依存的な存在者だと言える。僕たちが「個別的実体」と呼んでいるものは船隊に似たものとして捉えられるんだ。

ユイ たとえば目の前にあるテーブルは、白さトロープ、円さトロープ、三本脚トロープ、大理石トロープといった無数のトロープから構築されるものだって言いたいのね。

　こうした個別的実体の捉え方はいわゆる**束理論**（bundle theory）を含意する。すなわち、われわれの身近にある具体的個別者はトロープたちの束にすぎないという見解を含んでいる。
　同様に、普遍的性質もトロープから構築される。ただし具体的個別者がトロープの和によって構築されたのに対し、普遍者としての性質はトロープのクラスによって構築される。たとえば人間（性）という性質は、{ソクラテスの人間トロープ, ナポレオンの人間トロープ, ミノル君の人間トロープ, …} というクラスとして捉えられる。[15]

ミノル そうだとしたら、赤さという普遍的性質も、無数の赤さトロープをメンバーにもつクラスによって構成されることになるよね。つまり {このリンゴの赤さトロープ, あの郵便ポストの赤さトロープ, …} というクラスによって。

ユイ この考え方は前に見た「クラス唯名論」の発想と似ているようで、実はずいぶんと異なるような気がするわ。たしかにクラス唯名論も普遍的性質をクラスに還元しようとしたけど、そこでは人間性という性質は {ソクラテス, ナポレオン, ミノル君, …} というクラスに、すなわち個々の人間をメンバーとするクラスに還元さ

---

[15] 個々の人間に固有の「人間トロープ」のようなものが存在するか否かについては議論の余地があるが、ここではウィリアムズらの見解に従うことにする。

れたはずよ。同様に赤性は、{このリンゴ, あのポスト, …} という個々の赤いものから成るクラスに他ならないとされた。

　普遍的性質の構築の仕方に関して、トロープ理論はクラス唯名論と見解を異にする。クラス唯名論は、具体的個別者から成るクラスによって普遍者を構築することで、それを消去しようとするのに対し、トロープ理論は、トロープから成るクラスを用いて普遍者を構築し、最終的にはそれを消去することを目論む。だが、普遍者としての性質を消去するという点において、現代のトロープ理論がすぐれて唯名論的な理論であることに変わりはない。

4.3　トロープ唯名論のテーゼとそれへの反論
　トロープの特性とそれにもとづく構築の解説を経て、実在論の代替理論としてのトロープ理論が主張するテーゼを、前述の（TN1）よりも洗練された仕方で定式化する準備が整った。

■トロープ唯名論2（TN2）
　　（TN2）a は F である ⇔ F トロープ$_1$ は、F トロープたちの類似性クラスのメンバーであり、かつそれは共在するトロープの和（束）としての a の部分である[16]

　具体的な例で考えてみよう。（TN2）によれば、このキャンディーは赤いという事実は次のように分析される。特定の赤さトロープ$_1$ は、類似する赤さトロープたちから成るクラス（{赤さトロープ$_1$, 赤さトロープ$_2$, …}）のメンバーであり、かつその赤さトロープは、このキャンディーという共在するトロープたちの和（具体的個別者）の部分である。お気づきの通り、この（TN2）は、先述したトロープによる構築を前提する。第一に、特定のトロープが F タイプのトロープであることは、F トロープ$_1$ の類似性クラスへのメンバーシップ関係によって示される。第二に、具体的個別者 a は共在する諸トロープの和として表される。第三に、特定の F トロープ$_1$ と具体的個別者 a との間に成立するのは部分関係である。

ユイ　私の印象ではかなり洗練された唯名論ね。実在論者たちはトロープ唯名論者

---
[16]　J. P. Moreland, *Universals*, Acumen, 2001: 53.

のこうした分析に対してどのような反論をするのかしら？

ミノル たしかにちょっと手強そうだね。個別的とは言え、性質の存在を認めるという点でクラス唯名論や類似性唯名論よりもやや実在論寄りだと言えなくもないし。

　しばしばクラス唯名論と類似性唯名論が「極端な唯名論」（extreme nominalism）と言われるのに対し、トロープ唯名論は「穏健な唯名論」（moderate nominalism）と言われる。また、アームストロングは、現代の普遍論争において、「ミニマルな実在論」と真に競合しうるのはトロープ唯名論のみと考えているふしがある。それはともかくとして、このタイプの唯名論に対する反論は大きく三つに区分されうる。第一に、通常の個体がトロープの和（束）であるとする束理論への反論が考えられる。第二に、トロープの存在それ自体を疑う反論が可能である。第三に、トロープたちのあいだの類似性について疑問を提出することができる。第一と第二の反論については、ごく簡単な評価を行うに留めておこう。まず、第一の反論はごくまっとうなものである。簡潔に言えば、束理論は非常に「疑わしい」理論である。トロープの和はそれ自体トロープでしかない。言い換えれば、個別的性質の束は複合的な個別的性質である。この結論をトロープ唯名論者は進んで受け入れるだろうが、伝統的な個別的性質論がそうであったように、トロープを認めて、なおかつそれが依存するような具体的個別者を認めることもできる以上、大きなコストを支払って、物と性質との区別を破棄してしまう必要はない。ただし束理論への反論は、トロープ唯名論と同様に、ある種の実在論にも向けられうる。なぜなら、一時期のラッセルが構想したように、実在論の立場に立ちつつ、具体的個別者を普遍的性質の束に還元する理論もあるからだ。したがって、これはむしろ複数カテゴリー存在論の側からの、単一カテゴリー存在論（「トロープ一元論」）への反論として捉えられるべきであろう。続いて、第二の反論に関してだが、実在論といえども、トロープの存在それ自体を否定する必要はないだろう。たしかに現代存在論において「トロープの乱用」とも呼びうる議論をしばしば目にするが、哲学史的な観点から見れば、「個別的性質」は由緒正しきカテゴリーであり、また様々な理論的利益を提供するカテゴリーでもある（Box 7）。ゆえにトロープを実在論的な存在論から排除する特別の理由は見当たらない。

　これらに比して、第三の反論はやや深刻に受け止める必要があるように見える。トロープ唯名論者たちは、特定のトロープがあるタイプのトロープであることを、その類似性クラスへのメンバーシップ関係によって説明しようとする。たとえば、

あるトロープが赤さタイプのトロープであることは、そのトロープが｛赤さトロープ$_1$, 赤さトロープ$_2$, 赤さトロープ$_3$,…｝のメンバーであることによって説明される。当然こうしたクラスを形成する原理は類似性である。つまり、赤さトロープたちから成るクラスは、それらのあいだに成立する類似性によって形成される。

ユイ ここでの類似性はそれ以上分析することができない原始概念よね。

ミノル ところが実在論者はトロープ間の類似性は原始的なものではなく、それについて何らかの説明が与えられるべきだと考える。何だか話が堂々巡りしているような気がするな。実在論者が正しければ、トロープ唯名論は、すでに別種の唯名論について指摘された困難のいくつかを引き受けざるをえないよね。

そういうことになる。アームストロングはトロープ唯名論者たちを「**個別主義者**」(Particularists) と呼び、彼らに対して次のような疑念を表明している。

> 個別的なものの性質および関係がそれ自体、個別的であると論じるとき、個別主義者たちは普遍者の問題を解決してはおらず、たんにそれを先送りしているにすぎない。[17]

このアームストロングの疑念はおそらく正当なものだろう。とはいえ、トロープ（個別的性質）というカテゴリー自体が様々なベネフィットを提供することもたしかである。したがって、先ほども述べたように、それを「不必要なもの」として一掃してしまうことは得策ではない。われわれは次節においてトロープと普遍的性質は必ずしも排除し合うものではなく、両者の共存は可能であることをごく簡単に示したい。

Box 7　トロープへのコミットメントを動機づける理由

この講義の主な関心は「実在論の代替理論としてのトロープ理論」にある。すなわち、それは「普遍者の問題」を、トロープに訴えることで解決しようとする唯名論である。しかしながら、トロープ理論の利点はそれだけに留まらないと考えら

---

[17]　D. M. Armstrong, *Nominalism and Realism: Universals and Scientific Realism vol. I*, Cambridge University Press, 1978: 82. 強調は引用者による。

れている。トロープの存在にコミットする哲学者たちは、それがもつ説明力を様々な観点から指摘する*1。以下で、われわれはそれらのいくつかをピックアップしてみたい。

(1) 因果関係項としてのトロープ

「ソクラテスの青白さはクリトンの動揺を引き起こした」という因果文において、「ソクラテスの青白さ」によって表現される原因、および「クリトンの動揺」によって表現される結果はいったいどの存在論的カテゴリーに属するのか。ソクラテスやクリトンといった具体的個別者、青白さや動揺しているといった普遍的性質は因果関係項の候補にはなりえないだろう。なぜならそこではソクラテスの特定の青白さが、クリトンの特定の動揺を引き起こしたと考えられるからである。こうした見方が正しければ、因果関係に立つ関係項（原因と結果）の最良の候補はトロープだということになる。そしてこのことはトロープへのコミットメントを部分的に正当化する。

因果関係項の他の候補としては、しばしば出来事（event）や事態が挙げられるが、前者はトロープと同一視することが可能であり、後者はそれに内在する理論的困難から断念されることが多い。

また近年では、とりわけ心的因果（mental causation）の分析に際して、トロープの必要性を説くする哲学者たちが多いことも付け加えておく。

(2) 知覚の対象としてのトロープ

一般的に、普遍的性質は知覚されえないと考えられる。われわれは丸さ一般を「見る」ことや、甘さ一般を「感じる」ことはできない。しかしながら、われわれはこのリンゴの丸さや甘さをたしかに知覚しているという直観をもつ。これが正しければ、知覚されているものは、普遍的な丸さや甘さではなく、このリンゴの特定の丸さトロープであり、甘さトロープであると考えるのが理に適っている。

この論証に反論する一つのやり方は、知覚されうるものはすべて時空間に位置をもつという前提を否定することであろう。だが、広く哲学者たちに受け入れられているこの前提を覆し、実際にわれわれが普遍的性質を知覚していると主張することは難しいだろう。

(3) 〈真にするもの〉としてのトロープ

20世紀後半に生じた分析哲学の「形而上学的転回」は、いわゆる真理論（theory of truth）の領域とも無関係ではなかった。1980年代には、従来の言語論的アプローチを採らず、「真理は存在論的基盤をもつ」と主張するtruthmaker理論（「真にするものの理論」、以下「TM理論」）が登場することになる。TM理論を支持する形而

上学者たちは、真なる命題を真にしている何かが世界に存在すると考える。この「真にしている何か」は当の命題の"truthmaker"（「真にするもの」、以下「TM」）と呼ばれる。

単純な例で考えれば、「ジョニー・デップは存在する」という存在命題を真にするTMとはジョニー・デップという具体的個別者である。言い換えれば、ジョニー・デップの存在は当該命題の真理を保証する。それでは「ジョニー・デップは微笑んでいる」という述定命題を真にするTMとは何であろう。ジョニー・デップという具体的個別者はTMの役割を果たしえない。なぜなら、彼が存在したとしても、彼が微笑んでいない可能性もあるからだ。同様に、微笑んでいるという（普遍的）性質もTMの役割を果たしえない。というのも、当該命題が真であるためには、他ならぬデップ本人が微笑んでいなければならないからである。多くの形而上学者たちは、単純な述定命題（「aはFである」）のTMはトロープ（aのFトロープ）だと主張する。この例で言えば、ジョニー・デップの微笑みというトロープが「ジョニー・デップは微笑んでいる」という述定命題を真にするTMだということになる。

このように考える形而上学者たちは、他の競合する立場（事態をTMと見なす「事態説」など）の論駁を経て、トロープこそがもっとも適切な仕方で述定命題のTMの役割を果たすことを示し、最終的にトロープの存在を認めるべきだと主張する。

ここに挙げた（1）と（3）の論証の詳細に関しては、秋葉剛史『真理から存在へ──〈真にするもの〉の形而上学』（春秋社、2014年）を参照されたい。

＊1　エーリングはその著書の中で、実に10種類もの典型的論証を挙げている。D. Ehring, *Tropes: Properties, Objects, and Mental Causation*, Oxford University Press, 2011: Ch. 2.

4.4　実在論との共存

ユイ　トロープの存在を主張する諸議論（Box 7）にはある程度の説得力があるように見えるけど、「トロープ一元論」のような極端な唯名論にはちょっと無理があると感じたわ。

ミノル　そもそもトロープを認める者は唯名論者でなければならないの？　つまり、実在論と相容れない立場に立たないとダメなのかな？

実は哲学史的に見れば、トロープに関する考察は実在論のうちに起源をもつ。このことは、第三講義においてアリストテレスによる「個別的付帯性」（およびロウによる「様態」）を論じた際にすでに示唆された。また、フッサールもアリス

トテレス的伝統に従い、彼が「モメント」と呼ぶ個別的性質を「スペチエス」という普遍者の個別事例として捉えていた。むしろ個別的性質論における唯名論的傾向はごく最近になって現れたと言っても過言ではない。
[18]

　個別的性質（トロープ）に加えて普遍的性質を認める存在論には、唯名論一般について指摘される諸困難を回避できるという利点がある。だが個別的性質と普遍的性質との「共存」をどのように理解すればよいのか。ここではフッサールが主として『論理学研究』の「第三研究」で行った個別的性質（モメント）の分析を参照したい。
[19]

　　（IM）a は赤い。

この（IM）は実際には以下のような複合的な形式（IM*）をもつと解される。

　　（IM*）a の個別的なモメント（トロープ）であり、かつ赤スペチエス（赤性）の実例であるものが存在する。

ミノル　この分析に従えば、a は自らに固有の（赤さ）モメントをもつけれど、そのモメントは赤スペチエス（普遍者）を例化していることになる。「トロープ」という語を使って一般化すれば、「a は F である」はいわば二段構えになっていて、「a はあるトロープをもつ & そのトロープは F 性という普遍的性質を例化している」と分析することができる。

ユイ　そのように理解すれば「いかにして数的に異なる赤さトロープたちが一つのクラスを形成するのか」という困難は生じないと言いたいのね。うーん、実在論者たちにとって都合のいい解釈だわ。

　こうした立場は実在論とトロープ理論との安易な「折衷案」ではないか、また、普遍的性質と個別的性質の双方を認めるのは倹約的ではない、といった批判が予想される。しかし前者の批判に関しては、トロープ理論の原型はもともと実

---

[18]　E. フッサール『論理学研究3』（立松弘孝／松井良和訳、みすず書房、1995年）の「第三研究」を参照。
[19]　W. Künne, *Abstrakte Gegenstände - Semantik und Ontologie*, Suhrkamp, 1983: 77. グロスマンもほぼ同様の解釈を提示している。R. Grossmann, *The Existence of the World*, Routledge, 1992: 34.

在論の内部で形成されたという歴史的経緯があり、「折衷」という批判は必ずしもあたらない。後者の批判に対しては、ここでのトロープおよび普遍的性質がもつ「説明力」は、倹約の欠如というコストを補って余りあると応えることができよう。

さらに言えば、個々の存在論は一つのシステム（カテゴリー体系）として評価される必要がある。したがって、何をカテゴリーとして認めるのかという個別の問題も重要であるが、それらのカテゴリーがシステム内部でどのように関連しあうのかも重要なポイントとなる。普遍者とトロープの双方を認めるアリストテレスの「存在論的スクエア」、その現代版であるロウの「4カテゴリー存在論」およびその拡張版としてのスミスの「存在論的セクステット」は、第三講義の中で見たように、システム内部でのトロープ（個別的性質）の明確な位置づけに成功しているように見える。トロープと普遍的性質の双方を認める存在論は、トロープの「単一カテゴリー存在論」や、具体的個別者と普遍的性質のみから成る「2カテゴリー存在論」と比して、遜色のない内的整合性をもつばかりか、実在世界をよりきめ細かなレベルで記述することができる。したがって、トロープ理論と実在論との「共存」は、現代のトロープ論者たちが考えるほど不健全なものではないだろう。

> **まとめ**
>
> - クラス唯名論は、aはFであるという事実を、aによるF性の例化によってではなく、aがFクラスのメンバーであることによって説明しようとする立場である。この立場は、F性という普遍者へのコミットメントを回避することができるものの、共外延的性質の問題をはじめとする様々な困難を抱えている。一般的に、性質とクラスを同一視する立場には多くの難点が指摘されうる。
>
> - 類似性唯名論は、aはFであるという事実を、「Fの典型例」とaとの類似によって説明しようとする立場である。この立場は、われわれの認識の発生論的メカニズムに忠実であるものの、しばしば典型例の存在論的身分や類似性を用いたグルーピングに関する困難が指摘される。またこの立場は「説明の順序」に関するわれわれの直観にそぐわないという難点をもつ。

- 述語唯名論は、aはFであるという事実を、述語"F"がaに適合することによって説明しようとする立場である。この立場は「普遍者は名にすぎない」と説く伝統的唯名論に最も近く、またクラスなどの抽象者に言及しない最もシンプルな唯名論だと考えられる。しかしながら、他の唯名論的立場と同様に、述語唯名論は「説明の順序」に関する困難を抱えるだけでなく、ある種の「人間中心主義」、すなわち客観的事実の成立が人間の言語に依存するという結論を導く恐れがある。

- トロープ唯名論は、aはFであるという事実を、aがFトロープ（個別的性質）をもつことによって説明しようとする立場である。この立場は、他の唯名論とは異なり、性質の存在を認めるという意味において「穏健な唯名論」であると言われる。トロープのもつ理論的利点は様々な場面で認められるとはいえ、「実在論の代替理論」としてのトロープ唯名論には難点も指摘される。とくにトロープが形成する類似性クラスに関しては、他の唯名論と同様の困難をもつように見える。これに対し、トロープと普遍的性質の双方を認める存在論は、トロープのもつ利点を享受しつつ、唯名論に固有の困難を回避することができる。

結語にかえて——存在の問いはトリヴィアルに解決されるのか？

　これで現代存在論の「ファンダメンタルズ」（基礎）に関する五つの講義をまがりなりにも終えたことになる。皆さんはどういう感想をもっただろうか。

ミノル　最後の二つの講義についてだけど、あからさまな「実在論びいき」というか、とにかく「中立的」と呼べる内容ではなかった気がする。まあ、僕としては「唯名論はうまくいかない」という主張は受け入れやすかったけれど。

ユイ　あら、私は少々不満よ。第四講義の「性質の実在論」に続いて、第五講義は「唯名論への応答」でしょ。最初から実在論を擁護しようとする魂胆がミエミエだわ。

　手厳しいとはいえ、当然出てきてしかるべき指摘である。二人が述べてくれたように、僕は自らが支持する存在論上の立場、すなわち「性質に関する実在論」を明白に擁護する議論を展開した。読者の中には、総花的な解説——「実在論者はかくかくの主張を行います。それに対して、唯名論者はしかじかの主張を行います。」といった解説——を望んでいた人もいるだろう。しかし僕が思うに、それでは毒にも薬にもならない。たとえ入門レベルであっても、特定のポジションに立つことではじめて見えてくる事柄がある。喩えて言うならば、はじめて訪れる街を、地図の上から俯瞰していてもいっこうに街の表情は伝わってこない。もしガイドを雇うのであれば、観光名所を網羅的に紹介する案内人よりは、思い入れのある少数のスポットに誘う案内人の方がよい。このことを僕は実際に示したかった。

　以上の「弁明」をしたうえで、一点だけ述べておきたいことがある。この講義の中で、僕は性質（普遍者）の存在をトリヴィアルな仕方で導くという方法をあえて採らなかった。言い換えれば、「そもそも性質は存在するのか」といった問題を、まじめに取り組むべき難問として捉える立場に立った。

ユイ　だから、性質がもつ説明力や他の理論的美徳に訴える論証を提示したり、コスト-ベネフィットの考え方にもとづいて、諸理論を総合的に評価したりしたのね。

ミノル 実在論への代替案を提案する諸唯名論への反論も、そうした作業の一部を成していたと言えるよね。

ユイ でも、「性質の存在をトリヴィアルな仕方で導く」ってどういうことなの？

　そのことについて少しだけ触れておこう。というのも、それはこの講義全体が採用するメタ存在論に関する話でもあるからだ。
　第二講義「方法論あるいはメタ存在論について」の最後で、「新カルナップ主義」と呼ばれる立場を紹介したこと覚えているだろうか（3.3 節）。

ミノル 存在論的な論争の多くは、たんに「言葉遣いに関する論争」にすぎないと説く立場だったような気がする。

ユイ それは存在の問いそのものを消去しようとする「デフレ主義」であるとも言われたわ。

　大雑把に言えば、そんなところである。だが、講義の中では現代のメタ存在論におけるもう一つのデフレ主義である「**イージー・アプローチ**」（easy approach）についてはまったく触れなかった[1]。このアプローチに従えば、性質をはじめとする抽象的対象の存在は、ある意味で「イージー」な仕方で導くことができる。以下では、このアイディアに大きな影響を与えた二つの立場、すなわちシッファー（S. Schiffer）と新フレーゲ主義者の立場をごく簡単に見ておこう。
　シッファーによれば、われわれは性質への指示を含まない文（1）から、その冗長な（pleonastic）同値文（2）を導くことができる[2]。

　　（1）ポチは白い。（Pochi is white.）
　　（2）ポチは白いという性質をもつ。（Pochi has the property of being white.）

　この文（2）に現れる「白いという性質」（the property of being white）は性質を指示する単称名辞である。したがって（1）の真理を認め、かつ（1）から（2）

---

[1] A. Thomasson, *Ontology Made Easy*, Oxford University Press, 2015. ただし、トマソン自身の方法については II 巻の「結語にかえて」の中で検討することにしたい。
[2] S. Schiffer, "Language-Created Language-Independent Entities", *Philosophical Topics* 24, 1996: 149–167.

への（トリヴィアルな）変形を認めるならば、そこから性質の存在を結論することができる。

ユイ 拍子抜けするわね。いったい何がポイントなのかしら？

ポイントは次の通りである。性質の存在は、われわれの言語実践における冗長な文変形からトリヴィアルに導かれるのであり、それ以上のことは要求されない。この文変形を一般化すると、「a は F である」（a is F）から「a は F であるという性質をもつ」（a has the property of being F）への推論ということになろう。この場合は、通常の述語表現を名詞化（nominalization）する変形だと言ってもよい。

同様のことは、抽象的対象として**命題**（proposition）についても妥当する[3]。先ほどの（1）から、われわれはその冗長な同値文（3）を得ることができる。

　　（3）ポチが白いことは真である。（That Pochi is white is true.）

この（3）に現れる「ポチが白いこと」（That Pochi is white）は、特定の命題を指示する単称名辞である。一般的に、われわれは文"S"から、冗長な文変形により"(The proposition) that S is true"（S であること（S という命題）は真である）を導くことができる。命題の存在を保証するのは、このトリヴィアルな言語実践であり、それ以上でもそれ以下でもない。ちなみにシッファーは、性質や命題の存在を確保する同値変形を「**無から有への変形**」（something-from-nothing transformations）と名づけている[4]。

ミノル ある意味で、存在の問いを深刻に受け止めないという点では、新カルナップ

---

[3]「命題」とは、文によって表現される（意味）内容を指す。ただし命題自体は、文とは異なり、特定の言語に属する存在者ではないとされる。たとえば、日本語の文「雨が降っている」と英語の文"It is raining"は同一の命題を表現すると考えられる。これより命題は、複数の異なる文が表現しうる抽象者だと主張する哲学者がいる一方で、そうした抽象者の存在を否認する哲学者も多い。前者は「命題に関する実在論者」であり、後者は「命題に関する反実在論者（あるいは唯名論者）」である。性質のケースと同様に、両者は命題の存在をめぐって多くの論争を行ってきた。

[4] S. Schiffer, *The Things We mean* (Oxford University Press, 2003) のイントロダクションおよび第2章を参照。いま一度確認しておくと、この変形は、性質や命題への指示を含まない文から、それらを指示する単称名辞を含む文への推論を指す。こうした推論は「概念的に妥当な推論」（conceptually valid inferences）であると言われる。この種の概念的真理から得られる性質や命題は「冗長な存在者」（pleonastic entities）と呼ばれる。冗長な存在者のもう一つの典型例は虚構的存在者（とりわけ虚構のキャラクター）である。

プ主義とよく似ているね。でも、このアプローチは、かなり寛容な実在論を帰結するという点で、新カルナップ主義とはやや異なる気がする。

　この違いは決して小さくない。いずれにせよ、性質や命題をわれわれの存在論に導入するのは、述語や文を名詞化する、あるいは実体化する日常的な言語ゲームであり、それ以上の何かが要求されるわけではない。この言語ゲームに参加する者は誰でも、（1）から（2）への、あるいは（1）から（3）への（トリヴィアルな）推論を許されている。ゆえに、（1）の真理を認めながらも、（2）や（3）の真理を否認する者は、「性質」や「命題」という語の使用規則に関して無知であるか、または、われわれの日常言語に組み込まれた推論関係を意図的に断ち切ろうとする者である。

　次に、新フレーゲ主義による存在の問いへのアプローチを、ごくラフな仕方で見ておこう。新フレーゲ主義者たちにとって、「数は存在するのか」という問いは、ある意味でトリヴィアルに（かつ肯定的に）解決される。以下の解説はあくまで「イージー・アプローチというメタ存在論的観点から見た新フレーゲ主義」であることを断ったうえで、分かりやすい例を使ってその概略を示してみよう。

　　（4）ここにあるカップと受け皿は同数的である。(The cups and saucers are equinumerous.)
　　（5）ここにあるカップの数と受け皿の数は同一である。(The number of cups is identical to the number of saucers)
　　ゆえに、（6）数が存在する。(There is a number.)

ミノル　何のことやら？　さっぱり分からないよ。

　大多数の人は不可解な印象を受けるだろう。しかしポイントは次の点にある。（4）が真であるとしよう。そうすると、いまテーブルの上にあるカップと受け皿は一対一の対応関係に立っていることになる。（これが「同数的である」ことの

---

[5] 幸いなことに、われわれはこの主題に関連するフレーゲ自身の著作を日本語で読むことができる（フレーゲ『算術の基礎』三平正明・土屋俊・野本和幸訳、フレーゲ著作集2、勁草書房、2001年）。同訳書に収められた野本和幸による「編者解説」は新フレーゲ主義を理解するうえでも大変役に立つ。より詳細な解説としては、田畑博敏『フレーゲの論理哲学』（九州大学出版会、2002年）が定番である。

意味である。）この対応を確認するために数概念は必要ない。受け皿の上にひとつひとつカップを置いていき、どちらかが余らなければそれでよい。この（4）の真理から、（5）の真理は問題なく導かれる。注目してほしいのは、導かれた（5）において「ここにあるカップの数」(the number of cups) と「（ここにある）受け皿の数」という単称名辞が新たに現れることである。（同一性言明 "α = β" の両辺に現れる表現、すなわち "α" と "β" は、構文論的な理由により、単称名辞であると考えられる。）（5）が真であれば、「ここにあるカップの数」と「（ここにある）受け皿の数」はある対象（数）を指示するはずである。ここから（6）、すなわち数の存在が帰結する。

以上がイージー・アプローチとして解された新フレーゲ主義であるが、これをよりよく理解するためにはフレーゲ自身（あるいは新フレーゲ主義者たち自身）の考え方を少しだけ知っておく必要がある。「藪をつついて蛇を出す」ことにならないよう気をつけながら、短く解説しておこう[6]。先ほどの（4）から（5）へのステップを許しているのは、「ヒュームの原理」(Hume's Principle: HP) と呼ばれる同値文である。

(HP) F の数は G の数と同一である ⇔ F と G は同数的である

ここでの "F" や "G" は何らかの概念を表す。（先ほどの「ここにあるカップ」でも「この講義の受講者」でも何でもよい。）（HP）の左辺は「再認文」と呼ばれる同一性言明である。フレーゲは、"α" といった表現が一つの対象を指示するならば、α と β が同一であるか否かを決定しうるような基準がなければならないと考えた。現代的な言い方をすれば、その**同一性基準**が要求されるということである。右辺はまさにそうした同一性基準を与える役割を果たしている。F の数と G の数が同じである基準は、F と G との同数性（一対一対応）である。つまり（HP）

---

[6] 言うまでもなく、新フレーゲ主義は数学の哲学における一つの立場であり、その本家本元であるライトとヘイルは、近年のメタ存在論的議論に対してやや慎重な姿勢を示している（B. Hale and C. Wright, "The Metaontology of Abstraction", in D. Chalmers, D. Manley, R. Wasserman (eds.), *Metametaphysics: New Essays on the Foundations of Ontology*, Clarendon Press, 2009: 178-212）。また彼らは、しばしば存在論者が新フレーゲ主義の前提として指摘する「量化子変動の理論」と「マキシマリズム」（「存在しうるものは何でも存在する」と主張する立場）に関して、それらとの結びつきをはっきりと否定する。とはいえ、ライトとヘイルは、「（一階の）存在論的主張あるいは存在論的論争の性格についての一般的見解」という意味でのメタ存在論については、その必要性を認めており、かつ新フレーゲ主義（抽象理論）のメタ存在論が要請されることはもっともだとも述べている（同書、181, n. 8）。

は、左辺の再認文（同一性言明）の真理条件を、右辺の同数性（一対一対応）によって与えているのである。

ユイ この講義の受講者の数は、健常な人間がもつ耳の数と同一ということになるわね。だって、私を右耳に対応づけて、ミノル君を左耳に対応づければ過不足ないから。

ミノル それに対して、この講義の受講者の数は、健常な人間がもつ心臓の数とは同一ではない。だって、対応づけをすると、僕かユイさんが余ってしまうから。

そういうことになる。このようにして、この講義の受講者の数に関する同一性基準が与えられることから、「この講義の受講者の数」は一つの対象、すなわち数2を指示するのだと言ってよい。

「藪蛇」になってしまうことを恐れながらも、もう一点だけ説明を付け加えさせてほしい。しばしば（HP）は、数（基数）の「抽象による定義」であると言われる。これを理解するために、少し回り道をして次の例を考えてみよう。

　　　（F）Aの形とBの形は同一である⇔AとBは相似である

直観的には、図形Aの形とは、異なる複数の図形が共有しうる正三角形や円といった同一の形、すなわち普遍者だと考えられる。個々の図形に加えて、普遍者としての形は存在するのかという問いは、存在論的問いの典型である。新フレーゲ主義者たちは、この問いに、数のケースと同様、トリヴィアルな（かつ肯定的な）仕方で答える。その鍵となるのが上記の同値文（F）である。この（F）は、左辺に現れるAの形の同一性条件を、右辺に現れる相似性によって与えようとする。（平たく言えば、「図形Aと図形Bの形が同じであるのは、いずれか一方を一様に拡大ないし縮小して移動させれば、他方にピッタリ重なる場合、かつその場合に限る」ということである。スケールが異なっても、相似である二つの図形は同じ形をもつ。）

（F）という同値文の右辺に現れる、図形間の相似関係はそれ自体、同値関係であることに注意してほしい。すなわち、(i) 図形Aは自身（図形A）と相似であること（反射性）、(ii) 図形Aと図形Bが相似であれば、図形Bと図形Aは相似であること（対称性）、(iii) 図形Aと図形Bが相似であり、かつ図形Bと図形C

が相似であれば、図形Aと図形Cは相似であること（推移性）が成り立つ。(F)の役割とは、こうした同値関係（相似関係）に立つ図形たちによって共有される何かを一つの形として抽出することである。(F) が、形の「抽象による定義」と言われるゆえんはここにある。むろんここでの「抽象」は、経験論者の心的抽象（複数のものが共有する一つの側面にだけ注意を向け、残りの側面は捨象するという意味での抽象）とは異なり、あくまでも論理的（ないし言語的）な抽象である。こうした抽象によって導入された新たな種類の対象は、文字通りの「**抽象的対象**」である。

翻って (HP) を見てみよう。その右辺に現れる同数性（一対一対応）は、相似性と同じく、明白な同値関係である。われわれは同数性という同値関係に立つ様々なものたちが共有する何かを、一つの数として抽出することができる。そうした抽出を許すのが (HP) なのである。ゆえに (HP) は数の「抽象による定義」と言われ、それによって新たに導入される対象（すなわち数）は「抽象的対象」と呼ばれる。[8]

そろそろまとめに取り掛かろう。僕自身は、シッファーや新フレーゲ主義者の方法が導く存在論的な帰結そのものには問題がないと考える。講義のところどころでアームストロング流の実在論が課す自然主義的制約に懐疑的な姿勢を示したのは、僕がこうした「実在論的デフレ主義」（デフレ主義的実在論？）にシンパシーを感じているからだろう。しかしながら、講義の中ではシッファー流のデフレ主義にも、新フレーゲ主義的なデフレ主義にも頼ることはしなかった。その主な理由を述べておこう。第一に、教育的な観点からの配慮を行う必要があったからである。「存在の問いは、トリヴィアルな仕方で解決可能である」という主張を前面に掲げることは、少なくとも「存在論へのイントロダクション」という本講義の目的にとって相応しくないように見える。たとえ最終的にそうした結論に落ち着くとしても、まずはそこに至るまでの過程を学ぶ必要があると判断した。第二に、――こちらの方がより重要である――僕自身は、実在論的なデフレ主義の方法は、有力ではあるものの、数ある方法論（メタ存在論）のうちの一つに過ぎないと、現時点では考えているからだ。すなわち、上で検討した文の冗長な同値

---

[7] 三平正明「論理主義の現在」（飯田隆編『論理の哲学』講談社メチエ、2005年）を参照。
[8] 数の抽象である (HP) や形の抽象である (F) は、より一般的な形式である「**抽象原理**」(Abstraction Principle: AP) の一つの実例（インスタンス）である。(AP) は次のように表記されうる。Σ (a) = Σ (b) ↔ E(a, b)。これは左辺の同一性言明の真理条件を、右辺の同値文で与えることを表現している。ここでのEの位置には同値関係が入り、Σ（ターム形成オペレーター）の位置には新たに導入される概念（数や形）が入る。

変形(「無から有への変形」)から存在を導く仕方や、同一性基準を何らかの同値関係で示すことでトリヴィアルに新たな対象を導入する方法(「抽象による定義」)が、それら単独で存在論の方法たりうるかと問われれば、「否」と答えざるをえない。[9]

まず、シッファーの方法に関して言えば、それは自然言語における推論、あるいは日常的な言語実践に全幅の信頼を寄せるという前提のもとに成り立っている。この前提は、それに懐疑的な論者に向けて、さらに入念な仕方で動機づけられる必要がある。むろん新フレーゲ主義の方法は自然言語への懐疑とは無縁であるように見える。なぜなら、それは論理的(数学的)言語にもとづく方法であるからだ。とはいえ、二つの方法に共通するのは、単称名辞による指示と存在の問題を直結させる姿勢である[10]。これに対し、本講義の中で示したように、クワインの標準的な方法は、単称名辞の指示ではなく、もっぱら量化と存在を結びつけるものであった。これはラッセル以来、単称名辞(とりわけ「現在のフランス国王」といった確定記述句)が存在論上の厄介な問題を引き起こすと考えられてきたことに起因する。ゆえにシッファーにせよ、新フレーゲ主義者にせよ、なぜ量化よりも単称名辞の指示を優先させるのかをより説得的な仕方で説明する必要があろう。

次に指摘したいのは、同一性基準に関する前提である。興味深いことに、同一性基準を重視するという点において、新フレーゲ主義的メタ存在論は標準的メタ存在論と軌を一にしている。なぜなら、クワインも「同一性なき存在者はない」という否定的テーゼによって同一性基準の重要性を訴えていたからである(Box 4を参照)。なるほど数学的対象に限っていえば、それらは厳密な(ある意味でトリヴィアルな)同一性基準をもつため、困難は生じないだろう。しかしながら、同一性基準を存在の基準として一般化してしまえば、ほとんどの日常的対象はわれわれの存在論から締め出されてしまう。(さらに言えば、通常の意味における性質は、

---

[9] ここでは新フレーゲ主義を、もっぱらイージー・アプローチの文脈で、すなわち数といった抽象者の存在をトリヴィアルに導く立場として解説した。だが、イージー・アプローチと類似する「トリヴィアルなプラトン主義」の立場に立つラヨーによれば、新フレーゲ主義は「トリヴィアリスト版」と「非トリヴィアリスト版」とに区別される(A. Rayo, *The Construction of Logical Space*, Oxford University Press, 2013: 77.)。トリヴィアリストにとって、数は存在しないという仮定はたんに誤りであるだけでなく、不条理な帰結を導く。

[10] ベルトとプレバーニによれば、新フレーゲ主義における存在論的コミットメントの基準は、「存在するとは、単称名辞の潜在的な指示対象であることである」(To be is to be the potential referent of a singular term)とされる(F. Berto & M. Plebani, *Ontology and Metaontology: A Contemporary Guide*, Bloomsbury, 2015: 67)。これは大変興味深い指摘であるが、われわれはすでに第二講義の1.2節において、クワインの基準との「折衷案」ないしその「修正版」として、「存在するとは、名前によって指示されるか、または変項の値であることである」を提案した。

厳密な同一性基準をもたない存在者として悪名高い。）僕自身の考えを述べれば、新フレーゲ主義の方法は、唯名論者のみならず自然主義的な傾向をもつ実在論者に対抗するうえで貴重な観点を提供するとはいえ、存在論の唯一の方法と見なすことは難しい。存在論は、厳密な同一性基準をもたないにもかかわらず、なお存在するものについて何事かを述べうるように見えるからだ。つまり、厳密な同一性基準をもつことは何かが存在するための十分条件であるかもしれないが、同時にその必要条件でもあるとは言い難い。

　いま述べた意味において、僕は依然として「生まじめな存在論者」であり、この講義は、そうした存在論者たちに共通する態度——「存在の問いは、有意味な問いであり、かつトリヴィアルな仕方で解決されるものではない」という態度——にもとづいて展開された。（なお、この態度は続編である『現代存在論講義II』でも貫かれている。）わざわざこのような話を最後にしたのは、近年のメタ存在論的論争では、主に講義の中で論じたような「（量化に関する）標準的メタ存在論 vs. 非標準的メタ存在論（虚構主義・マイノング主義など）」の対立軸に加えて、「生まじめな存在論 vs. デフレ主義」という対立軸も盛んに議論されているからである。さらにデフレ主義の内部においてすら、講義の中で言及した新カルナップ主義（「量化子変動」の理論）と、いま見たようなイージー・アプローチ系のメタ存在論との対立がある。このように、「何が存在するのか」という単純な（あるいは単純に見える）問題をめぐって、一階のレベルとメタレベルの双方で、様々な立場が入り乱れ、かくも多様な議論がなされている。だからこそ、われわれは現代存在論から目が離せないのである。

読書案内

　巻末に文献表を付ける代わりにコンパクトな「読書案内」を付すことにした。（各講義で直接引用ないし参照した文献の情報は脚注の中に記している。）この案内を作成するにあたって重視した条件は、（1）なるべく新しい文献であること、（2）比較的入手しやすいこと、（3）できれば単行本で出版されていること、という三点である。さらに、「日本語で読めること」という条件を付け加えたかったが、この分野は日本での紹介がそれほど進んでおらず、それは断念せざるをえなかった。

第一講義
①鈴木生郎・秋葉剛史・谷川卓・倉田剛『ワードマップ現代形而上学』、新曜社、2014年
②N. Effingham, *An Introduction to Ontology*, Polity, 2013.
③岡田光弘「フッサールのフォーマルオントロジーとその影響」、『人工知能学会誌』17巻3号、2002年、335-344頁
④溝口理一郎『オントロジー工学』、オーム社、2005年
⑤戸田山和久『論理学をつくる』、名古屋大学出版会、2000年

　①は、存在論をその一部として含む「現代の形而上学」に関する本邦初の入門書である。現代存在論についてのコンパクトな教科書を一冊だけ挙げるとすれば、比較的読み易いスタイルで書かれている②になるだろう。形式的存在論についてより詳しく知りたい人には③をお薦めしたい。著者の岡田光弘は論理学者の立場から、存在論的探求に従事する様々な分野の研究者たち（哲学者、工学者、情報科学者など）の学際的な研究をコーディネイトする稀有な存在である。④はそのタイトルが示す通り、応用存在論に関する著作であるが、哲学的な内容を多く含んでいる。著者の溝口理一郎はこの分野をリードするワールドクラスの研究者である。存在論の道具としての論理学を習得したい人には、戸田山和久の⑤をお薦めする。かなり分厚いが、これほど丁寧に書かれた論理学の教科書は他にはないだろう。

第二講義
①W. V. O. クワイン『論理的観点から――論理と哲学をめぐる九章』、飯田隆訳、勁草書房、1992年
②加地大介『穴と境界――存在論的探求』、春秋社、2008年
③F. Berto & M. Plebani, *Ontology and Metaontology: A Contemporary Guide*, Bloomsbury, 2015.

④T. E. Tahko, *An Introduction to Metametaphysics*, Cambridge University Press, 2015.
⑤G. プリースト『存在しないものに向かって――志向性の論理と形而上学』、久木田水生・藤川直也訳, 勁草書房、2011年
⑥R. カルナップ『意味と必然性』、永井成男他訳、紀伊国屋書店、復刊版、1999年

　現代の標準的メタ存在論の原点に興味がある人は、①の冒頭に収められた論文「何があるのかについて」(1948年)を読む必要があろう。良くも悪くも1948年が存在論にとって重要な転換点になったことは疑いえない。わが国の形而上学界を代表する加地大介による②は、「穴」や「境界」といったやや特殊なアイテムを論じた著作であるが、重要なメタ存在論的考察を数多く含んでいる。メタ存在論一般、とりわけ「非クワイン的なメタ存在論」について関心をもった人には、ごく最近出版された③と④をお薦めしたい。③は第二講義をまとめる際に大いに参考にさせてもらった。④は脱稿直前で入手したという経緯もあり、直接参照することはできなかったが、その書の構成を眺めながら、この講義で扱った内容が現代存在論の「トレンド」だということを確信するに至った。⑤は現代のマイノング主義について日本語で読むことができる唯一の単行本である。ただしテクニカルな部分は少々とっつきにくい。新カルナップ主義に興味をもった人は、まずはカルナップ自身の⑥に付された付録A「経験主義、意味論、および存在論」を読んでみよう。

第三講義
①T. E. タフコ編『アリストテレス的現代形而上学』、加地大介・鈴木生郎・秋葉剛史・谷川卓・植村玄輝・北村直彰訳、春秋社、2015年
②アリストテレス『カテゴリー論』『新版アリストテレス全集1』、中畑正志訳、岩波書店、2013年
③鈴木生郎・秋葉剛史・谷川卓・倉田剛『ワードマップ現代形而上学』、新曜社、2014年
④E. J. Lowe, *The Four-Category Ontology*, Oxford University Press, 2006.
⑤K. Munn & B. Smith (eds.) *Applied Ontology: An Introduction*, Ontos Verlag, 2008.
⑥R. Arp & B. Smith & A. D. Spear, *Building Ontologies with Basic Formal Ontology*, The MIT Press, 2015.

　形式的因子およびカテゴリーの個別化に関して日本語で読める文献は、①の第8章に収められたサイモンズの論文「四つのカテゴリー――そしてもっと」(秋葉剛史訳)である。現代の論者たちが重視するアリストテレスの「存在論的スクエア」については、中畑正志による新訳②を読むことをお薦めする。旧訳に比べて格段に分かりやすいだけ

でなく、訳者による補注や解説もたいへん充実している。③の第8章は、アリストテレス的方法の応用可能性について論じたものである。現代版存在論的スクエアおよび形式的関係についてはロウの④を参照する必要がある。また、形式的関係に関するより網羅的な研究に関心がある人は⑤に収められた諸論文および⑥の第7章を参照してほしい。この主題における応用存在論者の貢献は無視することができない。

第四講義
①鈴木生郎・秋葉剛史・谷川卓・倉田剛『ワードマップ現代形而上学』、新曜社、2014年
②N. Wolterstorff, *On Universals*, The University of Chicago Press, 1970.
③D. M. アームストロング『現代普遍論争入門』、秋葉剛史訳、春秋社、2013年
④D. M. Armstrong, *A Theory of Universals: Universal & Scientific Realism Vol. II*, Cambridge University Press, 1978.
⑤R. Grossmann, *The Existence of the World*, Routledge, 1992.
⑥J. P. Moreland, *Universals*, Acumen, 2001.

　何度も宣伝して恐縮だが、「普遍者」という主題に関心をもつ人は①の第5章から読み始めることをお薦めする。②はこの主題における第一級の文献である。かなりマイナーであるが、もう少し広く読まれてもよいのではなかろうか。③はアームストロングが「学部生」たちを念頭において書いた *Universals*（Westview Press, 1989）の翻訳である。「ミニマルな実在論」に興味をもった人はぜひ手に取ってほしい。本講義が主に依拠したのは③よりも前に出版された④である。この著作はすでに現代存在論の「古典」としての地位を確立している。だが個人的にシンパシーを感じるのは、アームストロングの実在論ではなく、むしろグロスマンが⑤で展開するような実在論である。しかし②と同様にかなりマイナーな著作であることは否めない。⑥は普遍者という主題に関してとても分かりやすい見取り図を提供してくれる。ただし内容は見かけよりも高度である。

第五講義
①D. M. Armstrong, *Nominalism and Realism: Universals and Scientific Realism Vol. I*, Cambridge University Press, 1978.
②柏端達也・青山拓央・谷川卓編訳『現代形而上学論文集』、勁草書房、2006年
③G. R. Pereyra, *Resemblance Nominalism: A Solution to the Problem of Universals*, Oxford University Press, 2002.
④秋葉剛史『真理から存在へ ── 〈真にするもの〉の形而上学』、春秋社、2014年
⑤D. H. Mellor & A. Oliver (eds.), *Properties*, Oxford University Press, 1997.

　皮肉なことに現代唯名論の見取り図は、実在論者であるアームストロングによって描

かれた。①はまさに「チャート式普遍論争」であり、現代的議論の枠組み自体を作り出したと言えよう。そこには唯名論のほぼ網羅的なカタログを見出すことができる。クラス唯名論に関しては②に収録されたルイス「普遍者の理論のための新しい仕事」を参照してほしい。③は詳細な仕方で類似性唯名論を擁護する著作であるだけでなく、「現代普遍論争」に関する見取り図も与えてくれる。トロープ理論に関しては、秋葉剛史の④が最も充実した邦語文献である。また②に収録されたサイモンズ「個別の衣をまとった個別者たち：実体に関する三つのトロープ説」をあわせて読んでみるのもよいだろう。⑤のアンソロジーはとくにお薦めである。そこには講義の中でも参照したウィリアムズやキャンベルらのトロープ論が収録されている。

あとがき

　本書を構想してから何とか出版にこぎつけるまで8年以上の歳月を要してしまった。われながら自分の怠惰さと要領の悪さに呆れる限りである。この間、公私ともに様々なことがあった。他の誰よりも、自らの大切な仕事を犠牲にしてまで私を支えてくれた妻の陽子に感謝したい。彼女がいなければ、本を書くどころか日常生活もおぼつかなかったことだろう。今年で4歳になる息子の正剛が日々成長していく姿にも大きく支えられた。本書の執筆のため、休日ですら一緒に過ごす時間を十分に確保できなかったことを申し訳なく思っている。また、人と比べてかなり長い学生生活を送った私をあらゆる意味で支援してくれた父と母にも感謝の言葉を述べたい。私は自分の息子に同じだけのことをしてあげられるだろうか。そのように自問させるほど両親は放埒な私に寛容であった。

　本書の草稿を作成するにあたって様々な人に迷惑を掛けた。とりわけ『ワードマップ現代形而上学』（新曜社、2014年）の共著者である鈴木生郎さん、谷川卓さん、秋葉剛史さんの三氏は、私が学会等で上京するたびに、草稿の検討会に付き合ってくれた。彼らは年齢という面では「後輩」の研究者であるが、私などよりもはるかによく現代の諸議論に通じている。おそらく「先輩」の依頼をむげに断ることもできず草稿を読んでくれたと推測されるが、検討会の場では容赦ない意見を出してくれた。ときには「そんな細かな要求をされても」と途方に暮れもしたが、彼らのアドヴァイスに従って、加筆した箇所や、バッサリと削除した件も少なくない。同様に、小山虎さん、植村玄輝さん、富山豊さん、北村直彰さん、森功次さんにも草稿の電子ファイルを送りつけて、二日間にわたる検討会に参加していただいた。彼らは私が尊敬する中堅・若手研究者であり、すでにこの分野や隣接する分野で優れた業績をもつ。彼らの手厳しくも温かな助言は私を大いに勇気づけてくれた。この場を借りて感謝の言葉を申し上げたい。

　本書はこの数年間に私が行ってきた講義や演習がベースになっている。根気強く授業に参加してくれた九州大学の学生諸君にお礼の言葉を述べたい。とくに大学院生の後藤真理子さんは、ほぼマンツーマンの演習の中で、草稿の分かりにくい箇所を数多く指摘してくれた。また前任校である九州国際大学の学生たちや、非常勤や集中講義等で教えてきた九州産業大学および山口大学の学生たちにも感

謝したい。彼らの一部にとってはハタ迷惑な授業であったかもしれないが、大きな暴動も起こることなく授業を進めることができた。

　序文で表明した「哲学には固有の問いと方法および説明方式がある」という私の信念は、五つの講義を通じて、確からしいものと映ったであろうか。この点については読者の判断に委ねるほかない。しかし私の信念に賛同する人はもちろんのこと、依然として懐疑的な人も、本書の続編である『現代存在論講義II』をぜひ手に取ってほしい。そこで論じられる主題（「物質的構成」、「同一性と変化」、「種の実在」、「可能世界」、「虚構的対象」など）は現代存在論の典型的なトピックスであるだけでなく、哲学へのこうした信念なしにはとうてい論じることができないトピックスでもあるからだ。

　最後になったが、本書の出版に携わってくれた新曜社編集部の高橋直樹さんには、度重なる体裁の変更等で多大なご迷惑をお掛けした。彼の哲学に対する熱意がなければこの「講義録」は永遠に日の目を見なかったであろう。

　2017年2月

著者

索 引

◇あ 行

アームストロング，D. A. 59, 115–120, 122, 123, 127, 129, 130, 132, 133, 135–139, 160, 161, 173, 179, 180
秋葉剛史 154, 179, 180
集まり 1, 6–9, 12, 33, 40, 140, 141, 146, 147, 158
アリストテレス 11, 84–90, 99, 157, 163, 165, 178, 179
アリストテレス主義的 107
ある（there is） 67
アンジェレッリ，I. 86
イージー・アプローチ 168
イデア論 105
意味による論証 119
因果性 58
インガルデン，R. 82, 88, 89
インスタンス →実例
ヴァルチ，A. 48
ヴァン・インワーゲン，P. 32
ヴィトゲンシュタイン，L. 149, 150
ウィリアムズ，D. C. 154, 157, 158, 180
エーリング，D. 163
エフィンガム，N. 56
エレガンス 52, 54, 56, 57, 60
岡田光弘 177
オッカムの剃刀 52, 53
オントロジー 18–20, 24, 33, 177
上位オントロジー 21, 33

◇か 行

外延 44, 89, 141–144, 165
概念 19
　　──化 19–21, 23
加地大介 178
カッラーラ，M. 48
カテゴリー 2, 5–7, 10–12, 16–21, 23, 24, 33, 53, 54, 70, 74, 81–91, 95–99, 101, 104, 149, 157, 160–162, 165, 178
　　──の体系的な個別化 82
　　──論 81, 84, 86, 99, 178
可能性 13, 14, 30, 163, 179

可能世界 1, 12–15, 54, 61, 63, 65, 143
可能的個体 50, 54, 143, 144
可能的対象 12, 33, 50, 51, 63, 64, 108
カルナップ，R. 69, 75–79, 178
関係 4
カント，I. 60
規則性 58, 59, 115–117, 138
逆 30
キャンベル，K. 157, 158, 180
共外延的な性質 142, 143
共在 156–159
虚構主義 15, 35, 43, 62–66, 79, 175
虚構的対象 4, 12, 15, 33
クラス 7, 13, 123, 136, 139–147, 151, 152, 158–161, 164–166, 177
グロスマン，R. 164, 179
クワイン，W. V. O. 13, 35, 39, 41–44, 49–51, 55, 62–70, 78, 79, 136, 174, 177
形式化された存在論 16, 23, 24, 33
形式的‐存在論的 24
　　──関係 16, 89
形式的‐論理学的 24
形式的因子 81–89, 99, 178
形式的関係 81, 89–93, 95–99, 179
結合子 25–29, 72
原始述語 56, 57
倹約 52–54, 56, 57, 59, 60, 96, 150, 164, 165
　　質的── 53, 54, 61
　　量的── 53
高階の性質 103, 107, 133, 136
コスト‐ベネフィット分析 59, 61
個体定項 25, 36, 42, 112, 135
個体変項 25, 26, 134
コッキャレラ，N. B. 23
個別化 16, 81–84, 86–89, 95, 99, 178
個別者 3–5, 90, 95, 98, 106–108, 115–117, 127–129, 131–134, 136, 139, 140, 149, 156–160, 162, 163, 165, 180
個別主義者 161
個別的実体（第一実体）86, 87, 90, 95–99, 157, 158

個別的付帯性　86–88, 90, 163
根元性　157

◇さ　行
サイダー，T.　56
サイモンズ，P.　82
参与する　96
時空間性　108
自然法則　59, 92, 115–117, 132, 138
事態　4, 128, 129, 156, 162, 163
実験哲学　61
実在論　3, 101, 105, 139
　科学的――　117, 120
　ミニマルな――　117, 118, 120, 125, 136, 138, 179
　様相――　54, 61, 144
シッファー，S.　168, 169, 173, 174
実例　10, 20, 47, 53, 91, 106, 107, 109, 141, 145, 164, 173
種　10, 90
集合　7, 8, 49, 50, 63, 108, 136, 140, 141
集積　7–10, 146
従属関係　20, 97, 98
十分条件　30, 31, 48, 62, 175
人工物種　10
生物種　10, 12, 17, 90
述語　26
述語記号　25–27, 134
物質種　10, 11, 17, 90, 93, 94
ジョンソン，W. E.　132
新カルナップ主義　35, 44, 69, 70, 74, 75, 79, 169, 170, 178
スミス，B.　23, 89, 95–97, 99, 165
性質　3
　構造的――　127–131, 133, 138
　複合的――　127, 128, 132, 138
　連言的――　103, 127, 128, 132, 138
説明力　52, 56, 58–61, 78, 79, 162, 165, 167
属性　82, 87, 90–94, 96, 98, 99
存在する (exists)　67
存在論
　――的コミットメント　35, 39, 42–44, 66, 79, 111, 112
　――的コミットメントの基準　35, 39, 42, 49, 62, 79, 111–113, 174
　――的セクステット　6, 89, 95–97, 99, 165

　――的説明　30, 31, 103–105, 140
　――的分析　104
　応用――　16, 18, 19, 21, 23, 33, 97, 177, 179
　形式的――　16, 17, 21, 23, 24, 30, 33, 81, 177
　質料的――　16
　単一カテゴリー――　160, 165
　哲学的――　16, 18, 21, 22, 33
　メタ――　10, 13, 15, 16, 32, 33, 35, 36, 42–44, 49, 51, 62, 64, 66, 69, 79, 89, 168, 170, 171, 173–175, 178
　領域的――　16, 17, 19, 33, 81, 97
存立　67

◇た　行
対偶　31, 32
　具体的――　4, 54, 81–83, 101
　抽象的――　3, 4, 38, 63, 64, 66, 67, 81–83, 101, 108, 141, 168, 169, 173
他の諸理論との整合性　52, 60, 62
束理論　158, 160
タフコ，T. E.　36, 178
タルスキ，A.　103
単純性　52, 54, 56, 57, 77, 79, 156
　構文論的――　52, 54, 56, 57
　存在論的――　52, 56, 57
抽象原理　173
直観との整合性　60, 61
定義　31
デフレ主義的　70, 173
同一性基準　49–51, 145, 171, 174, 175
同値　28–31, 48, 49, 169, 171–174
特徴づけ関係　91–93, 96, 98
独立性　157
戸田山和久　177
トマソン，A.　89, 168
ド・モルガンの法則　28, 29
トロープ　5, 85, 90, 154–166, 180
　――理論　154, 157, 159, 161, 164, 165, 180

◇な　行
中畑正志　84–86, 178
名前　25, 26, 36, 37, 41, 42, 112, 120, 134, 135, 174
ニーチェ，F.　10
二階論理　134–136
野本和幸　170

◇は 行
バージェス，J. P. 47, 48
ハーシュ，E. 70–74
パトナム，H. 42
パラフレーズ 43, 44, 46–49, 55, 62, 65, 66, 79, 112–114
反復可能性 107, 108
非存在者 65, 68
非対称性 31
必然化関係 117, 132
必然性 14, 78, 178
必要十分条件 31, 49, 102
必要条件 30, 48, 49, 62, 126, 175
ヒュームの原理 171
フッサール，E. 16, 24, 163, 164
部分 1, 6–10, 12, 24, 33, 61, 83–85, 97, 98, 128–131, 133, 143, 156, 158, 159
　　時間的―― 6, 83, 84, 95
部分関係 97, 98, 159
部分的同一性 128, 132
普遍者 3
　　確定可能的―― 132
　　確定的―― 132
　　高階の―― 59, 131–133, 136
　　二階の―― 59, 131
普遍的実体（第二実体） 86, 90, 95–98
普遍的付帯性 86, 88
普遍論争 3, 14, 101, 118, 136, 139, 160, 179, 180
プライス，H. 147–149
プラトン 105
　　――主義的 107
フレーゲ，G. 44, 170, 171
プレバーニ，M. 36, 174
プロセス 1, 5, 6, 12, 17, 33, 41, 60, 82–84, 95–97, 99, 137, 149, 150
　　個別的―― 95–99
　　普遍的―― 95–99
プロトタイプ 149
分析 31
ヘイル，B. 171
ベルト，F. 36, 174
4カテゴリー存在論 89, 90, 94, 99
本源的な類似性の哲学 147, 148

◇ま 行
マイノング，A. 65, 67
マイノング主義 43, 44, 62, 65–69, 79, 175, 178
マクタガート，J. 123
マルクス，K. 48
溝口理一郎 18, 19, 21, 23, 177
命題 4, 40, 41, 54, 73, 76, 101, 108, 116, 117, 141, 163, 169, 170
メレオロジー 9
　　――的なニヒリズム 61
　　――的なユニヴァーサリズム 9
　　――的和 9, 146
メレオロジスト 71–74
モアランド，J. P. 137

◇や 行
ヤブロー，S. 65
唯名論 3, 5, 42, 47, 53, 64, 101, 103, 111, 121, 138–141, 144, 147–153, 155, 159–161, 163–169, 175, 180
　　穏健な―― 160, 166
　　極端な―― 160, 163
　　クラス―― 5, 139–146, 151, 152, 158–160, 165
　　述語―― 5, 139, 152–154, 166
　　トロープ―― 139, 154, 155, 159–161, 166
　　類似性―― 5, 147–153, 155, 160, 165
様相文 13–15, 65
様態 5, 90–94, 96, 98, 163
四次元的対象 6, 97

◇ら 行
ライト，C. 171
ラヨー，A. 174
量化子 25–27, 42, 67, 68, 72, 79, 112
　　――変動 70, 72, 171, 175
　　全称―― 26–28
　　存在―― 26–28, 44, 67, 68, 72, 74
理論選択 35, 51, 62, 78, 79
理論的美徳 35, 51, 53, 57, 58, 60, 61, 77, 79, 167
類似性 5, 63, 109, 110, 132, 138, 139, 147–153, 155, 159–161, 165, 166, 180
　　家族的―― 149, 150
ルイス，D. 50, 53, 54, 61, 129, 144, 180
例化関係 20, 91, 93, 98, 99, 151, 152
例化原理 119, 120, 127, 136, 138, 142
例示 92–94, 96, 98
　　――関係 91–94, 98, 99

傾向的―― 93
　　顕在的―― 93, 94
ロウ，E. J.　24, 89–94, 96, 99, 163, 165, 179
ローゼン，G.　47, 48

◇**わ 行**

和　7

著者紹介

倉田　剛（くらた・つよし）
1970年生まれ。慶應義塾大学文学部卒。パリ大学第12校 DEA 課程を経て、東京大学大学院人文社会系研究科博士課程修了。博士（文学）。現在は九州大学大学院人文科学研究院准教授。専門はオーストリア哲学、分析形而上学。共著書に『ワードマップ現代形而上学』（新曜社、2014年）、『哲学の挑戦』（西日本哲学会編、春風社、2012年）、『環境のオントロジー』（春秋社、2008年）など。

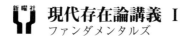

現代存在論講義 I
ファンダメンタルズ

初版第1刷発行	2017年4月7日
初版第2刷発行	2017年12月15日

著　者　　倉田　剛
発行者　　塩浦　暲
発行所　　株式会社　新曜社
　　　　　101-0051　東京都千代田区神田神保町3-9
　　　　　電話 (03)3264-4973 (代)・FAX (03)3239-2958
　　　　　e-mail : info@shin-yo-sha.co.jp
　　　　　URL : http://www.shin-yo-sha.co.jp
印　刷　　新日本印刷
製　本　　イマヰ製本所

Ⓒ KURATA Tsuyoshi, 2017 Printed in Japan
ISBN978-4-7885-1518-5 C1010

― 好評関連書 ―

鈴木生郎・秋葉剛史・谷川卓・倉田剛 著
ワードマップ **現代形而上学** 分析哲学が問う、人・因果・存在の謎

人の同一性とは、因果性とはなにか、自由と決定論の衝突、個物と普遍といった古典的問題から、人工物の存在論など最新の問題まで平易な地図となる入門書。

四六判304頁
本体2400円

山口裕之 著
ワードマップ **認知哲学** 心と脳のエピステモロジー

「脳は高度な情報処理機関」にすぎないのか？「意識の科学」の成果をよみほどき、脳科学の哲学的基礎を考えるしなやかな認知哲学入門書。

四六判306頁
本体2800円

浅野光紀 著
非合理性の哲学 アクラシアと自己欺瞞

最善の判断に背く愚かな行動。最良の証拠に逆らう信念。思考と行為のパラドクスを解決し、現代科学の知見とも整合する新たな人間理解へといたる。

四六判402頁
本体3800円

井頭昌彦 著
多元論的自然主義の可能性 哲学と科学の連続性をどうとらえるか

すべての事象は物理科学によって明らかにできるという「自然主義」理解の誤りをただし、科学主義・物理主義をとらない「多元論的」自然主義を提唱する。

A5判308頁
本体4200円

古田徹也 著
それは私がしたことなのか 行為の哲学入門

自然法則に支配され、運に翻弄される人間。意のままにならない世界で、我々はどこまで自由なのか。「私」という不完全な行為者の意思、責任、倫理を問う。

四六判282頁
本体2400円

（表示価格は税を含みません）

新曜社